BILDFOLGE – Bilderreise durch das Ruhrgebiet
CONTENTS – Journey through the Ruhrgebiet
CONTENU – Voyage à travers le bassin de la Ruhr

DUISBURG 7, 8, 9, 10, 11, 12, 13
OBERHAUSEN 14, 15, 16, 17, 18, 19
MÜLHEIM AN DER RUHR .20, 21, 22
ESSEN-KETTWIG 23
ESSEN-WERDEN und „Denkmal der Arbeit" in Altendorf 24, 25
ESSEN, BALDENEYSEE 26, 27
ESSEN 28, 29, 30, 31, 32, 33, 34
BOTTROP 35, 36, 37
GLADBECK 38, 39
DORSTEN 40, 41
HERTEN 42, 43
RECKLINGHAUSEN 44, 45, 46, 47
CASTROP-RAUXEL 48, 49
HERNE 50, 51
GELSENKIRCHEN 52, 53, 54, 55
BOCHUM 56/57, 58, 59
HATTINGEN 60, 61
HATTINGEN-BLANKENSTEIN 62
BOCHUM, KEMNADER SEE .63
HAGEN 64, 65
RUHRVIADUKT BEI HERDECKE 66
DORTMUND 67, 68, 69, 70, 71, 72, 73, 74, 75, 76
DORTMUND-HOHENSYBURG, Spielbank 77
DORTMUND-BÖRINGHAUSEN, Zeche Zollern II/IV 78
UNNA 79
KAMEN 80
LÜNEN, Forschungs- und Entwicklungszentrum Lüntec 81
HAMM 82, 83
DAS RUHRTAL BEI WITTEN 84

Kultur- und Städte-Landschaft
RUHRGEBIET
DER FARBBILDBAND

Text: Susanne Junkermann
Fotografie: Werner Otto, Horst Ziethen, Horst Zielske u. a.

ZIETHEN-PANORAMA VERLAG

Susanne Junkermann

Kultur- und Städtelandschaft RUHRGEBIET

„Hömma, dat musse ma gelesen haben."
„Wat meinze?"
„Na, die Einleitung ebend,
die von dat Buch übert Revier."
„Wieso dattän?"
„Weile Gegend da so schön is.
Und weil dat da so viel zum kucken gibt.
Also, setzich wacker hin und los getz!"

Das Ruhrgebiet hat viele Gesichter, Facetten, Prägungen, eine wechselvolle Geschichte, aber vor allem wohnen hier Menschen, die das Herz auf der Zunge tragen. Manche von ihnen sprechen hochdeutsch, manche polnisch, türkisch, italienisch oder spanisch, viele aber sprechen und alle verstehen „Ruhrgebietsplatt" oder wie auch sonst man diese Sprache bezeichnen soll, die erst in den letzten 100 Jahren entstand. Früher schämten sich die Leute noch, wenn sie sich im Lokal „Bratskartoffeln" bestellten oder sagten, dass sie aus „Dooatmund" kämen, heute ist das Ruhrgebietsdeutsch längst „salonfähig". Kabarettisten machen es zu Geld. In den Vorstellungen des Essener Arztes (er ist wirklich einer!) Dr. Stratmann „Herr Doktor, heute komm' ich mit meinem Bein" amüsieren sich die Zuschauer königlich. Elke Heidenreich hatte mit ihrer Metzgersfrau Else Stratmann schon früh die Lacher auf ihrer Seite. Herbert Knebel („Boh glaubse"), Piet Klocke und die Missfits, um nur einige zu nennen, setzen die Erfolgsgeschichte der Revier-Kabarettisten fort. Doch nicht nur die Sprache eint die rund 5,4 Millionen Menschen, die hier leben, zwischen Hamm und Duisburg (von Ost nach West) und Langenberg und Haltern (von Süd nach Nord). Es ist auch ihre Geschichte. Nicht sosehr die Geschichte der germanischen Stämme, die vor Christus in dem Gebiet siedelten. Oder die der Römer, die vom Rhein her Richtung Ruhr und Lippe entlang nach Osten drängten. Nein, es ist die Geschichte der Industrialisierung, die des Bergbaus, der schweißtreibenden Arbeit unter Tage und an heißen Hochöfen.

THE RUHR AREA

"We gotta read this."
"What dflya mean?"
"This intro here, in this book 'bout the Revier."
"'Cos it's so beaut'ful, and there's s'much t'see.
C'mon now, sit yourself down, off we go!"

Roughly translated, that's perhaps what locals might say in their inimitable Ruhr dialect. And they'd be right. The Ruhr is a multi-faceted region with a very cheuered history, but above all the home of an open-hearted people who say what they mean. Many of them speak High German, some Polish, Turkish, Italian or Spanish, but they all understand Ruhr-Platt, the local dialect, less than 100 years old. Not so long ago people were still slightly ashamed of using it, but now it is more than socially acceptable. Comedians and cabaret artistes make their living from it; among their ranks they number many household names, and even a doctor from Essen. But it is not just the language that unites everybody from Hamm in the east to Duisburg in the west, from Langenberg in the south to Haltern in the north. There's history too. Not so much the history of the Germanic tribes that began to settle the region before the birth of Christ. Nor the Romans who extended their empire eastwards from the Rhine along the Ruhr and Lippe valleys. No, it is the history of industrialization, of mining, of hard graft at the coal face and furnace, the history of coal and steel crises, the time of revolution, radical change and restructuring that binds the people together.

"Hang on a moment, can't you take it a bit slower?"
"Ok, let's start at the beginning."

Under Karl Martell conflicts broke out between the Franks and the Saxons in the 8th century, brought to an end by the victory of Charlemagne 32 years later. The Ruhr-Lippe area was integrated into the Franconian empire and missionization began.

LE BASSIN DE LA RUHR

Le bassin de la Ruhr est une région aux multiples facettes et à l'histoire mouvementée. Mais sa population surtout est remarquable. D'abord c'est une souche d'hommes qui n'a pas sa langue dans sa poche! Certains parlent le haut-allemand, d'autres le polonais, le turc, l'italien ou l'espagnol, mais la plupart parlent aussi ou du moins comprennent le dialecte du terroir, un «idiome nouveau» qui a vu le jour au cours de ces cent dernières années. Autrefois, les gens avaient un peu honte de leur accent et de leur manière de s'exprimer, lorsqu'ils se retrouvaient hors des frontières de leur contrée, mais aujourd'hui, le patois de la Ruhr a acquis ses lettres de noblesse. Sur les chaînes de télévision nationales, de célèbres comédiens originaires de la région, révèlent au reste des citoyens allemands le franc-parler et l'humour inénarrable de leur terroir. Cependant, la langue n'est pas le seul lien qui unit les 5,4 millions de personnes vivant ici, entre Hamm et Duisburg, (de l'est à l'ouest) et entre Langenberg et Haltern (du sud au nord). Ils partagent aussi une histoire unique. Ce n'est pas celle des tribus germaniques qui ont colonisé la région avant Jésus-Christ, ni celle des Romains qui ont envahi l'est en longeant le Rhin, la Ruhr ou la Lippe. Leur histoire commune est celle de l'industrialisation, de l'exploitation minière, du labeur pénible dans les boyaux des mines et dans la fournaise des hauts fourneaux. Ce qui a soudé ces hommes, autochtones ou venus de tous les coins d'Europe a été la grande épopée du charbon et de l'acier, puis la crise économique qui s'est ensuivie, les bouleversements sociaux et finalement l'époque du recommencement.

Le bassin de la Ruhr partage plusieurs pages d'histoire avec la France. Au 8e siècle, sous Charles Martel, commence une période de conflits entre Saxons et Francs qui ne se terminera que 32 ans plus tard, avec la victoire de Charlemagne. La région autour de la Ruhr et de la Lippe sera annexée au royaume franc et évangélisée.

Es ist die Geschichte der Kohle- und Stahlkrisen, der Zeit des Umbruchs, des Neubeginns, die die Menschen zusammenschweißt.

„Langsam, langsam,
kannze dat nich maan bisski sortiern?"
„Ja, fangen wir inne Vogangenheit an."

Unter Karl Martell kommt es im 8.Jahrhundert zu Auseinandersetzungen zwischen Franken und Sachsen, die erst 32 Jahre später durch Karl den Großen siegreich beendet werden. Das Gebiet an Ruhr und Lippe wird in das Frankenreich eingegliedert und die Missionierung eingeleitet. In Recklinghausen, Bochum, Unna entstehen Urpfarren, die zusammen mit dem Werdener Kloster den königlichen Missionsbezirk Dortmund bilden. Von Werden und dem Essener Frauenstift aus erfolgen zahlreiche Kirchengründungen im mittleren Ruhrgebiet. Ab Mitte des 13. Jh. ist das Revier Schauplatz von Machtkämpfen zwischen dem Erzbistum Köln und einzelnen Grafen. Die kleinen Städte an der Ruhr profitieren wirtschaftlich von ihrer Lage am Hellweg und ihrer Mitgliedschaft in der Hanse. Karl der Große baut den Hellweg (alte intern. Handelsstraße), der bereits von Germanen und Römern genutzt wurde, weiter aus. Von der Ruhrmündung in Duisburg geht die Straße bis nach Soest und dann weiter gen Osten. Um 800 wird der Hellweg als wichtigste Verbindung von Ost nach West zur Königstraße, zur „Via regia". Er wird als Nachschubstraße genutzt und hilft Karl dem Großen bei seinen Eroberungszügen. Der Königshof Duisburg, die karolingische Burganlage Essen, die Königshöfe Bochum und Dortmund sichern die Tagesrationen der Soldaten und dienen als Residenzen für die Könige. Mit den Jahren wächst die Bedeutung des Hellwegs als Handelsstraße. Um ihren Warenaustausch zu fördern, beteiligen sich bereits im 12. Jahrhundert westfälische Kaufleute an der Gründung von Handelsniederlassungen in Brügge, London, Nowgorod und Visby.

The first pre-parishes were set up in Recklinghausen, Bochum and Unna; together with Werden Monastery they formed the royal missionary region of Dortmund. A large number of churches were founded in the central Ruhr area by the monasteries in Werden and Essen. From the middle of the 13th century on, the region was the site of power struggles between the archbishopric of Cologne and various counts. The small towns on the Ruhr profitted economically from their location on the Hellweg route and their membership of the Hansa League. Charlemagne extended the Hellweg, which had already been used by the early Germanic tribes and the Romans. The road extended from the mouth of the Ruhr in Duisburg as far as Soest and beyond. Around the year 800 the Hellweg, as the most important east-west route, was re-named the Royal Road, Via regia. It was used as a supply line for Charlemagne's campaigns. The royal court in Duisburg, the Carolingian castle fortifications in Essen, the courts in Bochum and Dortmund guaranteed the soldiers' rations and served as residences for the kings. Over the years, the Hellweg's importance as a trade route increased more and more. As early as the 12th century, Westfalian merchants set up trading posts in Bruges, London, Novgorod and Visby to increase their business. Westfalia was thus the homeland of the Hansa League. The members founded the cities of the Hansa League as a bulwark against the competition from England and the Netherlands. Bochum, Dortmund, Dorsten, Duisburg, Essen, Haltern, Hamm, Hattingen and Recklinghausen were among the towns in the Ruhr-Lippe area that belonged to the League. Trade flourished and brought them considerable prosperity.

"Lordy oh, what a lot of history."
"Want t'hear some more?" "If you like."

There was no evidence at the beginning of the 19th century to indicate the explosive development that was to follow.

Des missions sont fondées à Recklinghausen, Bochum et Unna. Elles sont rattachées au cloître de Werden et constituent la mission royale du territoire de Dortmund. Après le cloître de Werden et le couvent d'Essen, de nombreuses églises seront érigées dans le centre de la région. A partir du 13e siècle, elle devient la scène de luttes de pouvoir entre l'archevêché de Cologne et certains comtes locaux. Les bourgades de la vallée de la Ruhr profitent économiquement de leur situation sur la route de commerce appelée «Hellweg» et de leur appartenance à la Hanse, puissante association de cités marchandes. Charlemagne a poursuivi la construction du «Hellweg» que les Germains et les Romains utilisaient déjà. De l'embouchure de la Ruhr à Duisburg, la route rejoint Soest et continue plus loin vers l'est. A partir de 800, elle devient la liaison majeure entre l'ouest et l'est de l'Europe. La route royale ou «Via regia» sert également à Charlemagne dans ses guerres d'expansion, lui apportant troupes et ravitaillement. Les résidences royales de Duisburg, Bochum et Dortmund, de même que le fort carolingien d'Essen assurent les rations des soldats et abritent les rois, vassaux de l'empereur. Au fil du temps, le «Hellweg» gagnera de plus en plus d'importance en tant que route de commerce. Dès le 12e siècle, des marchands westphaliens participent à la création de comptoirs à Bruges, Londres, Novgorod et Visby. C'est ainsi que la région westphalienne est considérée comme le berceau de la Hanse. Les membres de l'association réagissent contre la concurrence anglaise et néerlandaise en établissant les cités hanséatiques. Pour ce qui est des territoires de la Ruhr et de la Lippe, Bochum, Dortmund, Dorsten, Duisburg, Essen, Haltern, Hamm, Hattingen, Recklinghausen font partie de la Hanse. Jusqu'au 16e siècle, ces villes jouiront d'une grande prospérité grâce au commerce florissant.

Au début du 19e siècle, rien ne laisse supposer que la région va vivre un développement fulgurant.

Der westfälische Raum gilt somit als Mutterland der Hanse. Mit der Gründung der Hansestädte reagieren die Mitglieder auch auf die Konkurrenz aus England und den Niederlanden. An Ruhr und Lippe zählen unter anderem Bochum, Dortmund, Dorsten, Duisburg, Essen, Haltern, Hamm, Hattingen, Recklinghausen zur Hanse. Der florierende Handel verhilft den Städten zu einigem Wohlstand.

„Mannomann, ganz schön viel Geschichte."
„Willze noch mehr hööan?"
„Wennze meins."

Zu Beginn des 19.Jahrhunderts lässt im Ruhrgebiet nichts auf eine explosionsartig verlaufende Entwicklung schließen. Die kleinen Städte liegen eher verträumt in einer durch Wälder und Landwirtschaft geprägten Landschaft. 1818 leben im heutigen Ruhrgebiet 160.000 Menschen – 1905 sind es bereits 1,7 Millionen. Im Wittener Muttental, der Wiege des Bergbaus, wird bereits seit dem 15.Jahrhundert Kohle gewonnen. Sobald man auf Grundwasser stieß, war jedoch „Hängen im Schacht", wie man im Ruhrgebiet sagt - die Gruben wurden aufgegeben. Erst die Erfindung der Dampfmaschine, mit der das Wasser aus den Gruben gepumpt werden konnte, löst das Problem. Nun gibt es kein Halten mehr. Das Ruhrgebiet erlebt einen wahren Industrialisierungs-Boom, der das Gebiet die nächsten 100 Jahre prägen wird. Als es 1837 dem Duisburger Franz Haniel auch noch gelingt, das harte Deckgebirge über der Kohleschicht zu durchstoßen, können auch tiefer gelegene Flöze erreicht werden. Mit der Erfindung der Eisenbahn wird erstens das Transportproblem gelöst, zweitens ein Absatzmarkt für den Stahl geschaffen: Der Startschuss für die Stahldynastien Krupp und Thyssen. Der Ire Thomas Mulvany steigt neben Engländern, Belgiern und Holländern ins Kohlegeschäft ein. Ohne Rücksicht auf die Landschaft entstehen überall dort Zechen, wo man am besten an das „schwarze Gold" herankommt.

The rather sleepy little towns were surrounded by a rural landscape of woods and farms. In 1818 the population of the present Ruhr area was 160,000; by 1905 it was 1.7 million. In the Mutten valley near Witten, the cradle of the mining industry, coal production began as early as the 15th century. But as soon as they struck groundwater, that was it and production had to stop. It was not until the invention of the steam engine, which made it possible to pump the water out, that the problem was solved. Now there was no holding them. The Ruhr experienced a veritable industrialization boom that determined the course of the next 100 years. When Franz Haniel from Duisburg succeeded in penetrating the hard rocks covering the layers of coal, deeper seams became accessible. The invention of the railway not only solved the problem of transport but also created a market for the steel that was produced: the Krupp and Thyssen dynasties began. The Irishman Thomas Mulvany entered the coal mining business, alongside Englishmen, Belgians and Dutchmen. Without the least regard for the countryside or the landscape, pits were opened anywhere where it was easy to get at the "black gold". Workers were recruited from Poland and Prussia. The pit owners promised higher wages and company flats – nowadays, beautifully restored, much sought-after rental accommodation. The process of industrialization was accelerated by the Kaiser's rearmament policy and naval expansion. Each year hundreds of thousands of new workers flocked to the Ruhr. Years of unrest and struggles followed the First World War. The depression of 1928 led to massive unemployment, Nazi rule and rearmament; as the "country's steel forge", the Ruhr was heavily involved. After the Second World War, the Ruhr once again became a centre drawing people from all quarters. The pit owners flew in workers from Jugoslavia, Spain, Greece, Turkey and Italy because they were short of labour. Crisis came to the mining industry in the 1960s.

Les petites villes sommeillent plus ou moins entre les paysages de forêts et de champs cultivés. En 1818, le bassin actuel de la Ruhr compte 160 000 habitants; ils seront 1,7 million en 1905. On extrayait déjà du charbon au 15e siècle dans la vallée de Mutten près de Witten qui est le berceau de l'exploitation minière. Mais les filons étaient abandonnés dès que l'on atteignait une nappe aquifère. L'invention de la machine à vapeur qui fournit le moyen de pomper l'eau souterraine, résoudra le problème. A partir de ce moment, plus aucun obstacle ne ralentira l'exploitation des mines. Le bassin de la Ruhr connaît un boom industriel qui le marquera durant cent ans. A partir de 1837, les veines de houille plus profondes peuvent également être atteintes lorsque Franz Haniel de Duisburg parvient à percer les morts-terrains. Avec l'invention du chemin de fer, les difficultés de transport n'existent plus et un nouveau débouché pour l'acier est créé: on assiste à la naissance des dynasties de l'acier Krupp et Thyssen. Des Irlandais, des Belges, des Anglais et des Hollandais se lancent dans l'industrie houillère. On creuse partout le sol qui contient «l'or noir», sans tenir aucun compte de la nature. La main d'œuvre nécessaire est recrutée en Pologne, en Prusse orientale et occidentale. Les immigrés arrivent, attirés par la promesse de bons salaires et de logements. Entre parenthèses, les maisons des corons restaurées sont aujourd'hui très prisées. L'armement du pays et la construction de la flotte navale durant l'Empire de Guillaume II vont accélérer l'industrialisation. Chaque année, des centaines de milliers d'ouvriers émigrent vers le bassin de la Ruhr. Les années qui suivent la Grande Guerre sont marquées par des troubles graves et des luttes politiques. La crise économique mondiale de 1928 engendre un chômage massif qui sera résolu lorsque la région deviendra la «forge de la nation» durant le régime nazi, à savoir le réarmement de l'Allemagne. A la fin de la deuxième guerre mondiale, le bassin minier attire de nouveau des milliers de gens.

Aus Polen, Ost- und Westpreußen werden Arbeitskräfte geworben. Die Zechenbetreiber versprechen höhere Löhne und Werkswohnungen, die auch heute noch – wunderschön restauriert – begehrte Mietobjekte im Revier sind. Die weitere Industrialisierung wird durch Aufrüstung und Flottenbau des Deutschen Kaiserreiches beschleunigt. Jedes Jahr kommen Hunderttausende neue Arbeiter ins Revier. Nach dem ersten Weltkrieg prägen Jahre mit schweren Unruhen und Kämpfen das Ruhrgebiet. Der Weltwirtschaftskrise von 1928 folgen Massenarbeitslosigkeit, Nazi-Herrschaft und Wiederaufrüstung, woran das Ruhrgebiet als „Stahlschmiede der Nation" beteiligt ist. Nach dem Zweiten Weltkrieg entwickelt sich das Revier schnell wieder zum Anziehungspunkt Tausender Menschen. Aus Jugoslawien, Spanien, Griechenland, der Türkei und Italien fliegen die Zechenbetreiber die zukünftigen Bergleute ein, weil ihnen die Leute fehlen. In den 60er Jahren – das Ruhrgebiet heißt längst „Ruhrpott" – beginnt die Bergbaukrise, der Abbau ist nicht mehr rentabel. Die Stahlkrise folgt auf dem Fuße. Unter großem Protest der Bergarbeiter und Stahlkocher schließen zahlreiche Zechen. Stahlwerke schrumpfen sich gesund.

„Ja, und dann, wat hammse gemacht, im Revier?"
„Na, da hammse die Ääamel hochgekrempelt, wie immer."

Seitdem ist das Ruhrgebiet im Umbruch. Statt auf Schwerindustrie setzt man nun verstärkt auf Dienstleistung und Verwaltung. In Essen sind zum Beispiel inzwischen zehn der größten deutschen Unternehmen ansässig. Man sucht die Vorteile des Ballungsraums zu nutzen, und das Ruhrgebiet ist heute auf dem besten Weg „in" zu werden. Auf alten Industriebrachen geschieht Erstaunliches: Landschaftsparks wie in Duisburg-Meiderich laden zu Musikevents, die Emscher wurde renaturiert, ehemalige Geröllhalden begrünt, überall entstanden Wanderwege.

Many pits were no longer economic. Hard on its heels, crisis overtook the steel industry too. A large number of pits closed amidst huge protests from the miners and steelworkers. Steelworks were forced to restructure, with massive job losses.

"And what happened then?"
"They pulled up their sleeves and got down to work, like they always did."

Ever since then the Ruhr has been in a process of change and restructuring. Reliance on heavy industry has been reduced, service industries and administration are in a process of continuous development and growth. Ten of the largest German corporations have their seat in Essen, for example. The advantages that the conurbation and its networks offer are being exploited. The Ruhr is well on the way to being "in" again. Industrial wastelands are the site of remarkable new developments: landscaped parks such as in Duisburg-Meiderich are the venues for musical happenings, the Emscher has been turned back to nature, former slag heaps are now green, hiking trails have been set up everywhere. Closed-down pits like the Zollverein in Essen have become industrial monuments, attracting hordes of visitors; the old gasometer in Oberhausen is the centre of a vibrant art scene. The IBA (international exhibition) has had a seminal role. Cities, towns, administrative districts, companies and private investors combined to plan and realize over 100 projects within the space of just ten years. The IBA which closed in 1999 helped to give the Ruhr a new image. State Garden Shows, for example in Mülheim or Oberhausen, added to the numerous new recreational areas: lakes, woods, parks, zoos and rivers. Idyllic old town centres with semi-timbered houses are to be found alongside castles and other historic buildings.

Les industriels manquent de main-d'œuvre et font venir leurs futurs mineurs par avion de Yougoslavie, Espagne, Grèce, Turquie et Italie. Mais la crise du charbon s'annonce dans les années 60. L'exploitation minière n'est plus rentable. La crise de l'acier suit presque immédiatement. Les mines ferment les unes après les autres en dépit des mouvements de contestations des mineurs. L'industrie métallurgique se restructure et diminue ses effectifs.

Depuis, le bassin de la Ruhr est en plein bouleversement. Les secteurs tertiaires et l'administration des entreprises remplacent peu à peu l'industrie lourde. Dix des plus grandes sociétés allemandes se sont par exemple installées à Essen. Les agglomérations industrielles offrent en effet de nombreux avantages tels que des infrastructures modernes. Le bassin de la Ruhr est de nouveau une région recherchée. Les anciens sites industriels ont subi des transformations étonnantes: ils sont devenus des parcs naturels tels que celui de Duisburg-Meiderich, réputé pour ses manifestations musicales; la contrée de l'Emscher a été reboisée; les crassiers sont couverts de verdure; des chemins de randonnée balisés sillonnent la campagne. Désormais monuments d'une ère industrielle révolue, des mines désaffectées comme celle de Zollverein à Essen attirent un vaste public. L'ancien gazomètre d'Oberhausen est un haut lieu de l'art. Cette évolution est en grande partie due à la «Internationale Bauausstellung Emscherpark» (IBA). L'organisme mis en place jusqu'en 1999 et réunissant des villes, des arrondissements, le Land de la Rhénanie du Nord-Westphalie, des sociétés, des comités, des initiatives et des investisseurs privés, a réalisé plus de cent projets en 10 ans et aidé le bassin de la Ruhr à acquérir une nouvelle image. Il a presque retrouvé sa nature d'antan et abonde en espaces verts, lacs, forêts, rivières, parcs et zoos.

Bereits 1725 gingen in Duisburg-Ruhrort die ersten Schiffe vor Anker: Heute hat Duisburg den größten Binnenhafen der Welt.

The first ships dropped anchor here as early as 1725. Today Duisburg is the largest inland port in the world.

Les premiers navires accostaient à Duisburg-Ruhrort dès 1725. Aujourd'hui, Duisburg est le plus grand port fluvial du monde.

Stillgelegte Zechen wie Zollverein in Essen werden zu Industriedenkmälern und Publikumsmagneten, im ehemaligen Gasometer Oberhausen gibt sich die Kunstszene die Klinke in die Hand. Viel dazu beigetragen hat die Internationale Bauausstellung Emscherpark (IBA). Städte und Kreise, das Land NRW, Initiativen, Vereine, Firmen und private Investoren setzten sich zusammen und verwirklichten innerhalb von zehn Jahren über 100 Projekte. 1999 - das ist das Finale der IBA, die mithalf, dem Ruhrgebiet ein neues Image zu geben. Landesgartenschauen wie zum Beispiel in Mülheim oder Oberhausen ergänzen die zahlreichen Erholungsflächen im Revier: Ob das nun Seen, Wälder oder Parks, Zoos oder Flüsse sind. Idyllische Altstädte mit schmucken Fachwerkhäusern findet man im Revier ebenso, wie kleine Schlösser und Burgen. Doch nicht nur die neu genutzten alten Hallen, der Stolz auf die Industriegeschichte, bilden nun den Grundstein für ein neues Selbstbewusstsein der Revier-Bewohner. Längst hat sich auch die Wissenschaft hier im Ballungsraum etabliert. Universitäten, Fach- und Musikhochschulen sind aus der deutschen Hochschullandschaft nicht mehr wegzudenken und erfreuen sich zudem unter den Studenten enormer Beliebtheit. Technologie- und Forschungszentren sprießen aus dem Boden. Das kulturelle Angebot sucht seinesgleichen in Deutschland: Ob es nun die Ruhrfestspiele in Recklinghausen, die Mülheimer Theatertage, das Musikfestival Ruhr, ob es nun die zahlreichen Museen, Theater, Opernhäuser, Musicals, Orchester oder Kleinkunstbühnen sind: Hier tut sich was.

„Meinsse wiiieaklich?"
„Ja, dat mein ich und deswegen sach ich auch heute: Bis die Tage"

– was soviel heißt, wie: Bis bald. Im Ruhrgebiet.

But it is not just the old factory buildings, the pride of the industrial age, that form the basis of a new sense of confidence in the Ruhr. Science and the humanities, too, have long since established a foothold. Universities, polytechnics, conservatories in the area have a solid reputation across the country, and are extremely popular with the students. Research and technology centres are springing up all over the place. The cultural scene is unrivalled: whether it's the Ruhr Music Festival in Recklinghausen, the Theatre Festival in Mülheim, the countless museums, theatres, opera houses, orchestras or alternative theatres: the region is buzzing.

"D'ya reckon, really?"
"Sure, and that's why I say, 'Cheers for now, and see you in the Ruhr some day soon.'"

Des villes charmantes aux quartiers anciens réhabilités, des villages pittoresques, des châteaux et manoirs chargés d'histoire attirent les touristes. La fierté de continuer à participer à l'évolution industrielle façonne également la nouvelle assurance des habitants de la région. Divers domaines de la science y sont établis depuis des décennies. Les universités, hautes écoles et conservatoires des grandes villes de la Ruhr sont aujourd'hui parmi les plus réputés d'Allemagne. Les centres de technologie et de recherches poussent comme des champignons. Par ailleurs, la vie culturelle a pris une ampleur immense et propose un remarquable éventail de manifestations artistiques: que ce soit les Fêtes théâtrales de la Ruhr à Recklinghausen, les Journées du théâtre de Mülheim, le Festival de musique de la Ruhr, sans parler des expositions et des nombreux musées, théâtres, opéras, music-halls, cabarets et orchestres. En bref, le bassin de la Ruhr s'est forgé un nouvel avenir grâce à la ténacité et au dynamisme de ses citoyens.

Die Schwanentorbrücke lässt als Hebebrücke Schiffe mit hohen Aufbauten passieren. Am Schwanentor legen Hafenrundfahrtschiffe an. Erfindergeist und Ideenreichtum wurden in Duisburg immer schon groß geschrieben. – Heute zeugen auf der Duisburger „Kö" in der Fußgängerzone unterschiedliche Brunnen davon, die jedem Platz ein anderes Gesicht geben, wie zum Beispiel die Skulptur „Lifesaver" von Niki de Saint Phalle.

The Schwanentor Bridge can be raised to let ships with tall superstructures pass. Boats offering harbour tours dock here. The spirit of invention and resourcefulness have always been a hallmark of Duisburg. – A series of fountains in the pedestrian precinct are an example. Each gives the site where it is located a different tone, for example the sculpture "Lifesaver" by Niki de Saint Phalle.

Le pont de Schwanentor s'ouvre pour laisser passer les grands navires. C'est du Schwanentor que partent les bateaux qui emmènent pour la visite du port. – Duisburg est une ville où l'esprit d'invention et les idées novatrices ont toujours été à l'honneur, ainsi qu'en témoigne l'aménagement de sa vaste zone piétonnière. Diverses fontaines donnent un cachet particulier à chacun des espaces détente. Entouré d'édifices modernes, un bassin est surmonté d'une sculpture de Niki de Saint Phalle, intitulée «Lifesaver» (le sauveur).

Ein kleines Wassersportparadies erwartet die Besucher der Sechs-Seen-Platte. Wanderwege laden zum Spazierengehen ein. – Sieben Brükken überspannen den Rhein wie die Friedrich-Ebert-Brücke in Duisburg. Der Fluss prägte Duisburgs Geschichte. Die Stadt liegt an der Mündung der Ruhr in den Rhein. Duisburger Unternehmen transportierten schon im 18. Jh. Kohle und Eisenerz über das Wasser. Wirtschaftsstadt wurde Duisburg 1824 durch Friedrich Wilhelm Curtius und dessen chemische Fabrik. Franz Haniel baute 1829 die ersten Raddampfer.

The Six Lakes is a veritable watersports paradise, which hikers can explore on specially marked trails. – Seven bridges span the Rhine in Duisburg, including the Friedrich-Ebert Bridge. The city's history has been shaped by the Rhine, joined here by the Ruhr. As early as the 18th century coal and iron ore were transported by river. Friedrich Wilhelm Curtius' chemical factory made Duisburg an industrial centre in 1824. In 1829 Franz Haniel built the first paddleboat.

L'aire des Six-Lacs est un paradis pour les amateurs de sports nautiques et les randonneurs qui y trouveront de nombreux chemins balisés. – Sept ponts franchissent le Rhin à Duisburg. Le fleuve a marqué l'histoire de la ville qui s'étend à l'embouchure de la Ruhr et du Rhin. Dès le 18e siècle des entreprises de Duisburg transportèrent du charbon et du fer par voie fluviale. Duisburg devint un grand centre industriel en 1824 avec la fondation de l'usine chimique de Friedrich Wilhelm Curtius. Franz Haniel de Duisburg bâtit le premier vapeur à aubes en 1829.

Der Sportpark Wedau wurde längst über die Grenzen Duisburgs hinaus zum Begriff: Mit Leichtathletik- und Fußballstadion ausgestattet, finden hier internationale Wettkämpfe statt. Da steht auch die Regattastrecke der Ruderer und Kanuten nicht hinten an. Für den „Otto-Normal-Verbraucher" gibt's ein Strandbad mit Seilbahn für Wasserskifahrer. Eine weitere Attraktion in Duisburg ist der Zoo mit Delphinarium. Im Landschaftspark Nord auf dem Gelände des ehemaligen Hochofenwerks Meiderich können Freizeitsportler nun tauchen und klettern.

The Wedau sports arena has long since established a reputation far beyond Duisburg's boudary. International athletics events and football matches take place here. And on top of that there's a world-class rowing complex. And for the general public there's a bathing beach, with a waterskiing facility as a special attraction. Then there's the Duisburg Zoo with a delphinarium. The site of the former Meiderich blast furnace works is now a landscaped park where leisure-time sportsmen and women go diving and climbing.

Le parc de sports de Wedau est connu bien au-delà des frontières de la région. Son stade de football et d'athlétisme accueille des compétitions internationales. Il est également équipé d'installations nautiques destinées aux courses d'aviron et de canoës. Le grand public dispose d'un complexe aquatique où l'on peut pratiquer le ski nautique. Une autre attraction de Duisburg est le zoo avec un delphinarium. Dans le parc Nord, aménagé sur l'emplacement des anciens hauts fourneaux Meiderich, les sportifs amateurs peut s'adonner à l'escalade et à la plongée.

Eisen und Stahl wurden in Duisburg bereits produziert, bevor die Kohle entdeckt wurde. Der ersten Hütte in Hochfeld (1851) folgten ein Walzwerk in Hamborn und die Hütte Thyssens. Um 1900 baute Krupp in Rheinhausen sein Stahlwerk. Durch Konzerne wie Mannesmann und Klöckner entwickelte sich Duisburg zur Rohstahlmetropole. Stahl- und Kohlekrise setzten der Stadt arg zu, doch sie versteht es ihre kulturellen Schätze zu betonen. Sehenswert sind unter anderem das Wilhelm-Lehmbruck Museum und das Stadttheater.

Iron and steel were produced in Duisburg even before coal was discovered there. The first smelting works opened in Hochfeld (1851) and was followed by a rolling mill in Hamborn and the Thyssen ironworks. Krupp built a steelworks in Rheinhausen about 1900. Groups like Mannesmann and Klöckner made Duisburg a raw steel metropolis. The city was hit hard by crises in the steel and coal industry. But it has made good use of its cultural traesures. Of note are for example the Wilhelm-Lehmbruck Museum and the renowned City Theatre (1912) on King Henry Square.

Duisburg produisait déjà du fer et de l'acier avant la découverte de la houille. La première mine fut construite à Hochfeld en 1851, puis vinrent ensuite un laminoir à Hamborn et les mines d'August Thyssen. Les mines de Krupp étaient fondées à Rheinhausen en 1900. Duisburg devint une métropole de l'acier grâce à des konzerns tels que Mannesmann et Klöckner. La crise du charbon et de l'acier porta un grand coup à la ville. Mais depuis, elle a su tirer parti des anciens emplacements industriels et mettre en valeur son héritage culturel.

Bereits 1906 bis 1914 erbaut, verbindet der Rhein-Herne-Kanal Oberhausen mit dem internationalen Kanal- und Schiffahrtsnetz. Er ist 45 Kilometer lang. Der Kanal entstand durch die um die Jahrhundertwende aufstrebenden Montanindustrie. Immer mehr Zechen forderten für ihren Kohlentransport eine Anbindung zum Rhein. Obwohl für wirtschaftliche Zwecke erbaut, nutzten die Anwohner den Kanal immer schon zur Freizeitgestaltung. Von Herne-Wanne aus werden Schiffstouren bis zum Schloss Oberhausen angeboten.

Built as long ago as 1906-14, the Rhein-Herne Canal links Oberhausen to the international inland and maritime transport networks. It is 45 km long. The canal was built to serve the burgeoning coal and steel industries at the turn of the 20th century. More and more pits needed a Rhine link for their coal transportation. Although it was built for economic reasons, residents have always used the canal for recreational purposes too, whether these be walking, boating, fishing or swimming. There are boat tours from Herne-Wanne to Oberhausen Castle.

Construit de 1906 à 1914, le canal du Rhin-Herne relie Oberhausen au réseau international de navigation fluviale. Il fut aménagé lorsque l'industrie minière en plein essor eut besoin d'une connexion avec le Rhin pour le transport du minerai. Bien que bâti à des fins économiques, le canal long de 45 km a toujours été utilisé comme aire de loisirs par les habitants de la contrée. Ils s'y promènent, y font du bateau, s'y baignent et y pêchent. Aujourd'hui, de petites croisières sur le canal emmènent de Herne-Wanne au château d'Oberhausen.

Seit September 1996 lockt das Einkaufs- und Vergnügungszentrum Centro – Oberhausens Neue Mitte – Tausende von Besuchern an. Besonders beliebt ist die rund 400 Meter lange Centro-Promenade. Hier laden die unterschiedlichsten Restaurants und Kneipen zum Verweilen ein. Im Sommer sitzt man draußen direkt am kleinen Wasserkanal. Die „Neue Mitte" Oberhausens entstand auf einer Industriebrache mitten in der Stadt, die als Wiege der Schwerindustrie im Ruhrgebiet gilt. War es zunächst die Stahlindustrie, so wurde ab 1850 auch Kohle abgebaut.

The Centro shopping and entertainment compex – Oberhausen's new city centre – has been drawing thousands of visitors since it was opened in September 1996. The 400-metre long Centro-Promenade is especially popular. Restaurants and pubs of every style and hue invite you to step in for something to eat or drink. In summer people sit outside by the water's edge. The complex was built on an industrial wasteland in the middle of the city, regarded as the cradle of heavy industry in the Ruhr. First came the steel industry (Gute-Hoffnung works), followed by coal from 1850 on.

Depuis septembre 1996, le Centro, vaste complexe commercial et de loisirs, attire des milliers de visiteurs. Son artère principale, la Promenade, longue d'environ 400 mètres, est bordée de cafés et restaurants. En été, on peut s'asseoir aux terrasses installées autour d'un petit canal. Le nouveau cœur d'Oberhausen a été construit sur l'emplacement d'une usine qui s'étendait au milieu de la ville. Oberhausen est considérée comme le berceau de l'industrie lourde dans le bassin de la Ruhr. La métallurgie de l'acier précéda l'exploitation minière commencée en 1850.

Moderne Architektur im „Centro"

Lichtdurchflutete Gänge mit zahlreichen Geschäften und viel Platz zum Ausruhen zum Beispiel in der Coca-Cola-Oase (Bild rechts) bietet das Centro in Oberhausen. Wer genug vom Shopping hat, findet im angrenzenden Centro-Park Muße zur Entspannung. Musikalische Highlights bietet die angrenzende „Arena" – eine Veranstaltungshalle mit 12.500 Sitzplätzen. In unmittelbarer Nähe des Centros befindet sich das begehbare Gasometer aus dem Jahre 1929, das sich seit 1994 als Ausstellungshalle zur Attraktion im Revier entwickelt hat.

Modern architecture in the "Centro"

The Centro is made up of passageways flooded with light and filled with shops and spaces to sit and relax, for example the Coca-Cola Oasis (photo on the right). And when you've had enough of shopping, you can retreat to the adjacent Centro Leisure Park for some relaxation. Musical highlights are offered in the neighbouring Arena, a hall with 12,500 seats. Nearby is the gasometer, open to the public. Built in 1929 to store coking plant gas, it has become an attraction right across the Ruhr area since it opened as an exhibition centre in 1994.

Centro, Architecture moderne

Le Centro offre des allées commerçantes baignées de lumière et de nombreux espaces détente comme celui appelé «Oasis du coca-cola» (photo de droite). Un parc verdoyant fait également partie du complexe. L'Arena qui se dresse à côté est un hall de 12.500 places, destiné entre autres aux manifestations musicales. A proximité du Centro, on découvre l'ancien gazomètre de la ville, érigé en 1929 pour stocker le gaz de cokerie. Le vaste édifice a été transformé en salle d'expositions d'art; il est une des attractions principales de la région.

Ein beliebtes Ausflugsziel ist die spätgotische Wasserburg Vondern. Sie stammt aus verschiedenen Epochen. Die Ursprünge gehen wahrscheinlich ins 13.Jahrhundert zurück. Einen Abstecher wert ist auch das im klassizistischen Stil erbaute Schloss Oberhausen (1804-1818). Nach umfangreichen Restaurierungsarbeiten wurde es als Ludwig-Galerie Schloss Oberhausen 1998 wieder eröffnet. Ein Gang durch die alte Arbeitersiedlung Eisenheim, von der Guten-Hoffnungs-Hütte 1846 erbaut, ist ein Muss in Oberhausen.

Vondern Castle, a late-Gothic moated castle, is very popular with visitors. Its origins probably date back to the 13th century, after which it was altered several times. Oberhausen Castle, built in the classicistic style from 1804 to 1818 is also worth a detour. After extensive restoration work it was re-opened in 1998 as the Ludwig-Gallery Oberhausen Castle. A stroll through the old workers' settlement, Eisenheim, built by the Gute-Hoffnung Works in 1846 is a must. It is one of the oldest and best preserved of its kind.

Le château de Vondern est un but d'excursion très apprécié des habitants d'Oberhausen. L'édifice est en style gothique tardif, mais ses origines remontent certainement au 13e siècle. Le château d'Oberhausen a été construit en style néoclassique entre 1804 et 1818. Après d'importants travaux de restauration, il a été transformé en musée d'art moderne et est de nouveau ouvert au public depuis 1998. Un autre lieu intéressant d'Oberhausen est la cité ouvrière «Eisenheim», construite par les mines Gute-Hoffnung

Die Mülheimer lieben „ihre Stadt". Schloss- und Leineweberstraße sind frequentierte Einkaufsstraßen in der City. Die eindrucksvolle Stadthalle (1923-1925) aus Muschelkalk ist Spielstätte des Theaters an der Ruhr mit dem Intendanten Roberto Ciulli. Die „Mülheimer Theatertage" – jedes Jahr im Mai – haben sich längst einen Namen gemacht. Die liebevoll restaurierte Burg Broich gilt als eine der am besten erhaltenen karolingischen Befestigungsanlagen Westeuropas. Sie diente bereits im 9.Jahrhundert am linken Ruhrufer zur Sicherung des Hellwegs.

The inhabitants of Mülheim love their city. Schlossstraße and Leineweberstraße (Linen Weaver Street) are busy shopping streets in the centre. The impressive civic hall (1923-1925) made of shell lime is the home of the Theatre on the Ruhr with its artistic director Roberto Ciulli. The annual May Mülheim Theatre Festival have established a fine reputation. Lovingly restored Broich Castle is considered one of the best preserved Carolingian fortifications in Western Europe. As early as the 9th century it helped to secure the Hellweg, which it crossed here at a ford.

Les habitants de Mülheim adorent leur ville et les rues commerçantes «Schloss-Straße» et «Leineweberstrasse» sont toujours très animées. Le théâtre impressionnant, construit en calcaire conchylien (1923-1925), abrite la compagnie du «Théâtre de la Ruhr», dirigée par Roberto Ciulli. Les «Journées théâtrales de Mülheim» qui se déroulent tous les ans en mai, ont une réputation internationale. Admirablement rénové, le château de Broich, sur la rive gauche de la Ruhr, est un des forts carolingiens les mieux conservés d'Europe.

Die Ruhr - das ist die Lebensader Mülheims. Vom Wasserbahnhof aus bringt die „Weiße Flotte" ihre Gäste nach Kettwig und zum Baldeneysee. Vorbei geht's an historischen Kleinoden wie dem Kloster Saarn und dem Schloss Hugenpoet. Bereits im 16. Jahrhundert entdeckten Mülheimer Unternehmer den Fluss als Transportweg. Direkt an der Ruhr liegt das Gelände der ehemaligen Landesgartenschau. In den großzügig angelegten Parkanlagen gibt es für Kinder „Wasser"- und „Matschspielplätze". Schloss Styrum lädt zur Besichtigung ein.

The Ruhr is Mülheim's lifeline. Boats of the White Fleet take visitors from the marine station to Kettwig and Baldeney Lake. On their way they pass historical treasures like Saarn Monastery and Hugenpoet Castle. Mülheim merchants started using the river as a means of transport as early as the 16th century. The site of the former State Garden Show is directly by the river. The extensive parkland also gives children plenty of opportunity for playing with water and mud. Styrum Castle is well worth a visit.

La Ruhr est l'artère vitale de Mülheim. Dès le 16e siècle, elle était utilisée comme voie de transport par les entrepreneurs de la ville. Depuis la gare fluviale, les bateaux de la «Flotte blanche» partent vers Kettwig et le lac de Baldeney. Sur le trajet, les passagers peuvent admirer des joyaux historiques tels que le monastère de Saarn et le château de Hugenpoet. L'ancien site des expositions horticoles régionales qui s'étend sur une rive de la Ruhr est aujourd'hui un parc admirablement aménagé, comprenant une aire de jeux pour les enfants. Le château de Styrum est ouvert au public.

Kleine Läden, Cafés und Lokale laden in den idyllischen Fachwerkhäusern in der Altstadt Mülheims zum Bummeln und Verweilen ein. Hier lebte der Mystiker Gerhard Teerstegen (1697 - 1769), der protestantische Kirchenlieder schrieb. Im Teerstegenhaus gibt heute das Heimatmuseum Auskunft über das Leben in der Stadt an der Ruhr vom 16. bis zum 19.Jahrhundert. Die benachbarte St.Petrikirche wurde im 12.Jahrhundert erbaut. Rund um den Kirchenhügel soll Mülheim als Zentrum für die benachbarten Höfe entstanden sein.

Small shops, cafés and pubs are an invitation to stroll and tarry among the idyllic timbered houses of the Old Town. The mystic Gerhard Teerstegen (1697-1769) lived here, a composer of Protestant hymns. You can find out about life in Mülheim between the 16th and 19th centuries in the local history museum in the Teerstegen building. The nearby Church of St.Peter was built in the 12th century. Mülheim grew up around the church hill.

Boutiques, cafés et restaurants invitent à la flânerie et à la détente dans le vieux quartier de Mülheim, aux pittoresques maisons à colombages. C'est ici que vécut le mystique Gerhard Teerstegen (1697-1769), auteur de cantiques protestants. Sa maison natale abrite aujourd'hui le musée régional qui donne un aperçu de la vie dans la vallée de la Ruhr entre les 16e et 19e siècles. L'église Saint-Pierre avoisinante date du 12e siècle. Mentionnée pour la première fois en 1093, Mülheim était une petite bourgade, fondée pour donner une place de marché aux paysans.

ESSEN-KETTWIG

Verwinkelte Gassen, hübsche Fachwerk-häuser, ein kleiner liebevoll restaurier-ter Stadtkern: Schmuck präsentiert sich das kleine Kettwig. Direkt an der Ruhr gelegen, ist es seit 1975 ein Stadtteil von Essen. Sehenswert ist der Kirch-turm aus dem 12. Jahrhundert und die katholische Kirche, unter Mitwirkung des Baumeisters Karl Friedrich Schinkel erbaut. Erstmals 1502 erwähnt, prägte die Tuchmacherei lange Jahre die Ge-meinde. Heute ist Kettwig als attraktives Ausflugsziel über die Grenzen Essens hinaus bekannt.

ESSEN-KETTWIG

Crooked lanes, pretty timbered hous-es, a lovingly restored little town cen-tre: Kettwig is a charming and attrac-tive little place. Right on the banks of the Ruhr, Kettwig has been a suburb of Essen since 1975, something many inhabitants still haven't come to terms with. The 12th century church tower is a fine sight, as is the Catholic church built under the architect Karl Friedrich Schinkel's guidance. Textile weaving – first recorded mention in 1502 – was for a long time predominant. Today Kettwig is popular with visitors well beyond the bounds of Essen.

ESSEN-KETTWIG

Restauré avec amour, le vieux quartier de Kettwig présente un dédale de ruelles bordées de jolies maisons à pans de bois. L'ancienne bourgade, nichée sur une rive de la Ruhr, est rat-tachée à Essen depuis 1975. Elle pos-sède un beau clocher du 12e siècle et une église à la construction de laquelle a participé le célèbre maître d'œuvre Carl Friedrich Schinkel. Mentionnée pour la première fois en 1502, Kettwig a connu la prospérité grâce à la draperie. Ce faubourg pittoresque est aujour-d'hui un but d'excursion connu et apprécié bien au-delà des frontières.

Die Folkwang-Studenten residieren in geschicht-strächtigen Räumen: Der Abt Bernhard II. baute Ende des 18. Jh. seine fürstliche Residenz neben der alten Abtei. Diese entstand bereits 804, nach-dem der friesische Missionar Liudger 799 „auf dem Werd" ein Benediktinerkloster gründete. – Die Ruhr-Metropole hat viele Gesichter. Während in der Werdener Folkwang-Musikhochschule die Instrumente der Studenten erklingen, erinnert das Denkmal der Arbeit in Altendorf an die kör-perlichen Strapazen früherer Jahre.

The students' residence at Folkwang is a histori-cally important building. Abbot Bernhard II built his princely residence next to the old abbey at the end of the 18th century. The abbey itself dates right back to 804 (the present provost's church is 12th-13th century), after the Friesian mis-sionary Liudger founded a Benedictine monastery on the "Werd" in 799. – One of the many faces of the Ruhr metropolis is the Folkwang Acade-my of Music in Werden, while another is the Labour Monument in Altendorf, reminding us of the hard physical toil of times gone by.

Les étudiants de l'école de musique résident dans un cadre chargé d'histoire: l'abbé Bernhard II fit bâtir sa demeure princière à côté de la vieille abbaye à la fin du 18e siècle. L'origine de l'abbaye remonte à 804 lorsque le missionnaire frison Liudger fonda un monastère de bénédictins en 799. – Cette métropole du bassin de la Ruhr a de nombreux visages. Tandis que la musique emplit les murs de l'ancienne abbaye de Werden qui abrite aujourd'hui le conservatoire Folkwang, le monument du travail à Altendorf commémore les durs labeurs d'antan.

Ein beliebtes Ausflugsziel – nicht nur für die Essener – ist der Baldeneysee. Er liegt im Süden der Stadt zwischen Werden und Kupferdreh und bietet für jeden (Freizeit-) Geschmack etwas. Segler, Surfer, Ruderer und Paddler kommen auf dem See auf ihre Kosten, während Spaziergänger, Rollerblader, Jogger und Radfahrer auf den gepflasterten Wegen rund um den See gut aufgehoben sind. Die weiße Flotte bringt die Ausflügler über das Wasser. An sonnigen Tagen herrscht hier Hochbetrieb, was vor allem die zahlreichen Gastwirte freut.

Baldeney Lake is popular not just with the people of Essen. It lies in the southern part of the city between Werden and Kupferdreh and caters for all leisure-time tastes. Sailors, surfers, oarsmen and canoeists all get their money's worth, while hikers, rollerbladers, joggers and cyclists are well served by the paved paths going right round the lake. The White Fleet transports visitors across the water. On sunny days, the place is buzzing with activity, which gives plenty of satisfaction to the restaurant owners in their pleasant locations round the lake.

Le lac dit Baldeneysee est un but d'excursion très apprécié des habitants de la région. Il s'étend au sud d'Essen, entre Werden et Kupferdreh et est un véritable paradis pour les amateurs de sports nautiques. Voile, surf, aviron et pédalos sont pratiqués sur le lac tandis que promeneurs, cyclistes, joggeurs et «skaters» se croisent sur les chemins asphaltés qui en font le tour. La «Flotte blanche» amène les excursionnistes par bateau. Les rives du lac sont bondées de monde par beau temps, à la grande joie des nombreux gastronomes de l'endroit.

Seinen Namen hat der 1929-1932 aufgestaute See vom gleichnamigen Schloss aus dem 13.Jh. am Nordufer. Vom Baldeneysee aus erreicht man auf Waldwegen die Ruinen der Isenburg in Heisingen. Ein kürzerer Spaziergang führt durch den Hügel-Park zur oberhalb des Sees liegenden Villa Hügel. Alfred Krupp ließ das Gebäude 1870 im klassizistischen Stil errichten. Der Wohnsitz für seine Familie umfasst 269 Zimmer. Heute locken weit beachtete Kunst-Ausstellungen tausende Besucher in die stilvollen Räume.

The artificial lake, created in 1929-32, takes its name from the 13th century castle on its northern shore. From Baldeney Lake you can also walk through the woods to the ruins of the Isenburg in Heisingen. A shorter walk is through Hügel Park to Villa Hügel situated above the lake. Alfred Krupp had the villa built in 1870 in the style of classicism. There are 269 rooms intended for the family's use. Of course he also used the building for official company functions. Nowadays art exhibitions of considerable note grace the fine rooms.

La lac de barrage, aménagé de 1929 à 1932, porte le nom d'un château du 13e siècle qui se dresse sur la rive nord. Depuis le lac et en traversant la forêt, on arrive aux vestiges du château d'Isenburg à Heisingen. Une promenade plus courte emmène à la villa Hügel qui domine le lac. Alfred Krupp fit construire l'édifice de style néo-classique, entouré d'un vaste parc, en 1870. L'ancienne résidence familiale du grand industriel qui comprend 269 pièces, est aujourd'hui un centre culturel et sert à des expositions d'art

Von der Arbeiterstadt zur Dienstleistungsmetropole: Die Bürotürme international operierender Industrieunternehmen prägen das Stadtbild. Auf alten Industriebrachen entstanden wertvolle, citynahe Verwaltungsgebäude. Ein immenser Kraftakt, stellt man sich vor, dass die Stahlindustrie der Krupp-Dynastie und der Bergbau die Stadt rund 100 Jahre lang entscheidend mitgeprägt haben. Auch kulturell mischt die Stadt durch das 1988 fertiggestellte Opernhaus des finnischen Star-Architekten Alvar Aalto kräftig mit.

Out of a city of labourers has grown a metropolis of the service industry. The high-rise office buildings of multinationals now dominate the skyline. Former industrial wastelands are now the site of valuable administration complexes close to the city centre. An immense achievement when you consider that the steel industry of the Krupp era and mining determined the course of the city's development for about 100 years. The new opera house, designed by the Finnish architect Alvar Aalto and completed in 1988, is a sign that the city is also very much on the cultural map.

Une ville ouvrière est devenue une métropole de l'économie et du secteur tertiaire. Les grandes tours des sociétés internationales marquent la physionomie de la ville. D'impressionnants édifices abritant diverses administrations ont remplacé les anciennes usines. Ce changement représente un tour de force peu ordinaire quand on se rappelle qu'Essen a vécu de l'industrie de l'acier et de l'exploitation minière pendant un siècle. La ville a également une vie culturelle intense, notamment depuis l'inauguration de l'opéra en 1988, œuvre du célèbre architecte finnois, Alvar Aalto.

ESSEN, Rathaus

Mit seinen 106 Metern Höhe strahlt das Rathaus weit über die Stadtgrenzen hinaus. Es entstand 1979 nach den Plänen des Darmstädter Architekten Theodor Seifert in Ypsilon-Form. Die 22. Panorama-Etage ermöglicht einen weitläufigen Blick auf Essen und die Ruhrregion. Das alte, neugotische Essener Rathaus aus dem Jahre 1887 wurde in den 60er Jahren abgerissen, um einem Kaufhaus Platz zu schaffen. Die Alte Synagoge (1911-1913) - die größte Deutschlands mit einer eindrucksvollen Muschelkalkfassade - wird seit 1980 als Gedenkstätte genutzt.

ESSEN, Town hall

106 metres tall, the town hall shines forth well beyond the city's limits. It was built in 1979, designed by the Darmstadt architect Theodor Seifert in the shape of an upsilon. A fine panorama of Essen and the Ruhr can be enjoyed from the 22nd storey. The old, neo-Gothic town hall dating from 1887 was pulled down in the 1960s to make way for a department store. Close by the town hall is the Old Synagogue (1911-13), the largest in Germany with an impressive shell limestone facade. It has been a memorial since 1980.

ESSEN, Mairie

On aperçoit la tour de la mairie, haute de 106 mètres, bien avant d'entrer dans Essen. L'édifice en forme de Y a été édifié en 1979 d'après des plans de l'architecte allemand Theodor Seifert. Au 22e étage, une terrasse panoramique offre une vue splendide sur la ville et la vallée de la Ruhr. Le vieil hôtel de ville qui datait de 1887, a été rasé dans les années 60 pour permettre la construction d'un grand magasin. Juste à côté, se dresse l'ancienne synagogue (1911-1913), la plus grande d'Allemagne. Depuis 1980, elle est utilisée comme monument commémoratif.

Die Fundamente des Münsters stammen aus dem 9. Jahrhundert. Damals gründete der Mönch Altfrid für die Töchter des Hochadels einen Damenstift auf seinem Gut Astnidi. Daraus entstand der Name Essen. Von dem ottonischen Bau aus dem 11. Jahrhundert sind Westwerk, Vorhalle und Turm erhalten. Um 1300 entstand die heutige Kathedrale des Ruhrbischofs. Die goldene Madonna ist mit über 1000 Jahren die älteste vollplastische Marienfigur des Abendlandes. – Die St.Nikolaus-Kirche (1906/1907) in Essen-Stoppenberg ist die einzige Jugendstilkirche Deutschlands.

The cathedral foundations date from the 9th century. The monk Altfrid founded a nunnery for the daughters of the nobility on his estate, Astnidi. That is the root of the name Essen. The western fortifications, vestibule and tower of the 11th century Ottonian building have been preserved. The present Bishop of the Ruhr's cathedral was built around 1300. The over 1000 year-old Golden Madonna is the oldest complete figure of Mary in the west. The Church of St.Nicholas (1906-1907) in Essen-Stoppenberg is the only art deco church in Germany.

Les fondations de la cathédrale datent du 9e siècle. A cette époque, le moine Altfrid fonda un couvent pour les jeunes filles nobles de la contrée sur son domaine Astnidi. C'est de ce nom qu'est tiré celui d'Essen. La partie occidentale, le hall d'entrée et la tour proviennent de l'édifice ottonien du 11e siècle. La cathédrale actuelle fut bâtie au 13e siècle par les évêques de la Ruhr. Agée de plus de 1000 ans, la Madone d'or, est la plus ancienne statue de la Vierge du monde occidental. – L'église Saint-Nicolas (1906-1907) est l'unique église de style Art nouveau en Allemagne.

Unterschiedlichste Laternen schmük-
ken die Kettwiger Straße - die Ein-
kaufsmeile Essens in der beliebten
Fußgängerzone. Zahlreiche Events lok-
ken Besucher aus Nah und Fern in die
City: Sehr beliebt sind die Lichtwochen
zur Weihnachtszeit. – Mit der Einwei-
hung des Colosseums (Bild rechts)
wurde die Ruhr-Metropole auch zur
Musicalstadt. In einer Fabrikhalle aus
der Gründerzeit wurde nicht nur die
Musical-Bühne samt Zuschauerraum
installiert. Auch ein Lokal – umgeben
von alten Maschinen – erfreut sich großer Beliebtheit.

All sorts of different lamps decorate
the Kettwiger Straße, Essen's main
shopping thoroughfare in the popular
pedestrian zone. And all sorts of different events draw visitors from far
and near. The decorative lights in the
Christmas period are very popular. –
With the opening of the Colosseum
(photo on the right) the Ruhr metropolis also became a city of musicals. In a
factory building from the period of
promoterism they installed not only a
stage and auditorium for musicals, but
also a pub, which is very popular and
where customers are surrounded by
old factory machines.

Illuminée de réverbères splendides, la
Kettwigerstraße est une des rues
commerçantes favorites de la zone
piétonnière de la ville. La ville organise
de nombreuses manifestations qui
attirent un large public. L'époque de
Noël est notamment très animée. – La
métropole de la Ruhr est également
devenue une ville du music-hall avec
l'inauguration du Colosseum. L'ancienne usine bâtie vers 1870, à l'époque
de l'industrialisation, abrite aujour-
d'hui une vaste salle de spectacle et un
restaurant très en vogue qui a pour
décor les vieilles machines d'autrefois.

Dort, wo heute Jogger und Spaziergänger ihre Runden drehen, wandelten früher die Fürstäbtissinnen. Das Wasserschloss Borbeck liegt in einer grünen Oase im Nordwesten der Stadt. Die Fürstäbtissinnen von Essen hatten es seit 1227 in Besitz und nutzten es bis 1802 als Sommersitz. Heute dient das Schloss als Begegnungs- und Kulturstätte. Das Folkwang Museum zeigt europäische Kunst aus dem 19. und 20. Jahrhundert. Das Deutsche Plakatmuseum ist ebenso in Essen angesiedelt wie das Design-Zentrum.

Prince-abbesses once strolled where joggers and walkers do their circuits today. Borbeck Castle is a moated castle set in a green oasis in the north-western part of the city. The prince-abbesses owned it from 1227 on and used it as a summer seat up to 1802. Today the castle is used for cultural and community purposes. Essen has plenty to offer in the way of culture. The folkwang Museum houses a popular collection of 19th and 20th century European art. The German Poster Museum is also located in Essen, as is the Northrhine Westfalian Design Centre.

Les abbesses nobles du couvent d'Essen flânaient autrefois sur les chemins où joggeurs et promeneurs se croisent aujourd'hui. Le château entouré de douves de Borbeck se dresse au nord-ouest de la ville. Les abbesses le possédaient depuis 1227 et l'utilisèrent comme résidence d'été jusqu'en 1802. Le château est aujourd'hui un centre culturel. Essen a beaucoup à offrir en matière de culture: entre autres, le musée Folkwang, réputé pour ses collections d'art européen des 19e et 20e siècles, le musée national des Affiches et le Centre régional du design.

Die Kirchheller- und die Schwarze Heide gehören ebenso zum reichhaltigen Freizeitangebot in der Umgebung von Bottrop wie das Heideseengebiet. Auch ehemalige Geröllhalden, die durch den Bergbau anfielen, verwandelten sich im Laufe der Jahre in grüne Oasen und Freizeittreffpunkte. Außerhalb Bottrops lohnt sich der Aufstieg auf die Halde an der Beckstraße. Auf dem Gipfel erwartet den Spaziergänger ein Tetraeder aus Stahlrohren, von dessen Plattform aus sich ein Panoramablick über das Ruhrgebiet bietet.

Kirchhell Heath and Black Heath are just as much a part of Bottrop's extensive recreational facilities as the Heathland Lakes. Over the years, former mining slagheaps have been turned into green recreation areas. A climb up the slagheap on Beckstraße outside Bottrop is well worthwhile. At the top there's a tetrahedron made of steel tubes (only for those with a good head for heights!), with a platform at the top offering a panoramic view of the Ruhr.

Les alentours de Bottrop offrent de vastes espaces verdoyants tels que la lande de Kirchhell et la région des lacs dite Heideseen. Au cours du temps, les anciens crassiers, vestiges de l'exploitation minière, se sont aussi transformés en oasis de verdure qui invitent à la détente. Juste en dehors de Bottrop, une colline appelée «Halde» offre une petite aventure. Elle est surmontée d'un tétraèdre construit en tuyaux d'acier que l'on peut escalader jusqu'à une plate-forme qui offre une vue panoramique sur le bassin de la Ruhr; mais il ne faut pas être sujet au vertige!

In altem Glanz erstrahlt das märchenhaft anmutende Wasserschloss Haus Beck. Entworfen vom renommierten westfälischen Architekten Konrad Schlaun erlebte das 1766 bis 71 erbaute Gebäude eine wechselvolle Geschichte. Erst der Kauf durch einen Privatmann und die Hilfe der Staatlichen Denkmalpflege erlaubten die liebevolle Restaurierung. – Bekannt machte Bottrop auch das Museumzentrum „Quadrat", das nicht nur Funde aus der Vorzeit zeigt. Das Albers-Zentrum erinnert an den Bottroper Bauhauskünstler Josef Albers.

The fairytale moated castle Haus Beck resplendent in all its former glory. Designed by the famous Westfalian architect Konrad Schlaun, the building completed in 1771 has had a chequered history. It was only its purchase by a private investor and a grant from the state that enabled it to be so lovingly restored. – Bottrop is also famous for its Quadrat museum complex. Among the exhibits is the huge skeleton of a mammoth from pre-historical times. The Albers Centre is a memorial to the Bauhaus artist Josef Albers (1888-1976).

Le château à douves de Beck, construit de 1766 à 1771 par Conrad Schlaun, architecte westphalien renommé, a une histoire mouvementée à raconter. Il a été admirablement restauré après avoir été acheté par un mécène qui reçut l'aide du service national de protection des monuments. – Bottrop est également connue grâce au musée Quadrat où sont notamment exposés des vestiges préhistoriques tels qu'un immense squelette de mammouth. A voir aussi: le centre Albers, consacré à Joseph Albers (1888-1976), enfant de la ville et célèbre artiste de l'école «Bauhaus».

Bereits in der frühen Bronzezeit siedelten hier Menschen. 1019 wird Gladbeck erstmals urkundlich erwähnt. Die Zechen Graf Moltke, Möller, Mathias Stinnes und Zweckel lockten ab 1873 zahlreiche Arbeiter nach Gladbeck, das 1919 Stadtrechte erhielt. Bereits 1910 baute der Architekt Müller-Jena das Amtshaus im Neo-Renaissance-Stil, dessen Turm in der Bildmitte zu erkennen ist. Nach der Zerstörung im zweiten Weltkrieg prägen heute moderne Bürotürme wie der Sparkassenbau (links) das Stadtbild. Die Innenstadt wurde zur Fußgängerzone.

The area was setlled as long ago as the early Bronze Age. The first recorded mention of Gladbeck dates from 1019. Mining (1873) transformed the farming village. The Graf Moltke, Möller, Stinnes and Zweckel pits drew large numbers of workers to Gladbeck, which received twon charters in 1919. The architect Müller-Jena had already built the neo-romanesque adminsitrative building in 1910. The tower can be seen in the centre of the photo. Following severe devastation in the Second World War, it is now high-rise office buildings like the Sparkasse building (on the left) that dominate.

Cet endroit était déjà habité à l'âge du bronze et le hameau de Gladbeck est mentionné pour la première fois en 1019. Le village s'agrandit à partir de 1873 grâce à l'exploitation minière qui attira de nombreux travailleurs. Gladbeck reçut officiellement son droit de ville en 1919. La maison communale, de style néo-Renaissance, avait été érigée dès 1910 par l'architecte Müller-Jena. On en voit la tour au centre de la photographie. Dévastée durant la seconde guerre mondiale, Gladbeck a dû être presque entièrement reconstruite et montre aujourd'hui une physionomie moderne.

Beliebter Treffpunkt und Vorzeigeobjekt Gladbecks ist das Wasserschloss Wittringen, das inmitten einer Freizeitanlage im Wittringer Wald zu finden ist. Die Stadt kaufte das stark sanierungsbedürftige Gebäude 1922 vom Freiherrn von Vittinghoff-Schell. Während Torhaus und Nordflügel noch restauriert werden konnten, wurde der Hauptflügel im Stile der niederrheinischen Renaissance neu gebaut. Das städtische Museum im Schloss zeigt Urnenfunde aus der Bronzezeit .

Wittringen Castle, a moated castle in a recreation area in the woods, is a popular meeting-place and Gladbeck's showpiece. When the city bought the building from Baron von Vittinghoff-Schell in 1922, it was much in need of restoration. While it was possible to restore the gatehouse and north wing, the main wing was rebuilt in the style of the Niederrhenish Renaissance. The municipal museum collection in the castle includes Bronze Age cinerary urns.

Le joyau de Gladbeck est le château de Wittringen qui se dresse au cœur d'un parc boisé. En 1922, la ville racheta l'édifice, pratiquement en ruines, aux barons de Vittinghoff-Schell. Le bâtiment d'entrée et l'aile gauche purent être restaurés, mais le corps de bâtiment principal fut entièrement reconstruit dans le style Renaissance allemande. Le château abrite le musée municipal où sont exposés des objets trouvés dans des tombes de l'âge du bronze.

Am Rande des Naturparks Hohe Mark liegt die ehemalige Hansestadt Dorsten an der Lippe. Obwohl auch sie im Zuge der Industrialisierung und dem Abbau von Kohle und Eisenerz zur Industriestadt wurde, erhielt sie sich ihren idyllischen Charakter. Der alte Marktplatz mit der katholischen Kirche St. Agatha und dem Rathaus im Bild links zeugen davon. Das Umland Dorstens ist durch Wälder, viel Wasser und Wiesen geprägt. – Das barocke Schloss Lembeck zählt zu den größten Wasserburgen Westfalens.

The former Hansa League city of Dorsten is situated on the River Lippe on the edge of the Hohe Mark nature reserve. Although it became an industrial city in the course of the industrial revolution and the coal and ore mining that it brought with it, it has retained some of its idyllic charm. The old market square with the Catholic church of St. Agatha and the town hall on the left of the picture are proof. Dorsten's surrounding countryside is wooded, with a lot of water and meadows. – Lembeck Castle in the baroque style is one of the largest moated castles in Westfalia.

L'ancienne ville hanséatique de Dorsten sur la Lippe s'étend en bordure du parc national de Hohe Mark. Elle a conservé une atmosphère champêtre bien qu'elle soit aussi devenue une cité industrielle lorsque commença l'exploitation du charbon et du minerai de fer. L'église Sainte-Agathe érigée en 1797 et l'hôtel de ville de 1902 dominent la pittoresque place du marché. Les alentours de la ville sont très verdoyants, avec des forêts, des rivières et des prés. – Le château à douves de Lembeck est l'une des plus grandes ésidences de style baroque de Westphalie.

Als „Westfälisches Rothenburg" wird Herten aufgrund seiner malerischen Altstadt mit ihren zahlreichen Fachwerkhäusern gern bezeichnet. Die Stadt wurde durch die großen Fördermengen der Zechen Ewald sowie Schlägel und Eisen als Bergbaustadt bekannt. – Stilvoll eingebettet in einen nach englischen Vorbildern angelegten Landschaftspark liegt Schloss Herten. Im 14. Jh. als Burg der Ritter von Galen erbaut, wurde es 1530 zu einem spätgotischen Schloss umgewandelt und später im barocken Stil erweitert.

Herten, with its picturesque old town and large number of timbered buildings, is often called the "Westfalian Rothenburg", an allusion to the medieval town in southern Germany on the Romantic Road. The large amounts of coal mined at the Ewald pit, hammer production and iron established Herten's reputation. – Herten Castle is situated in a landscaped park in the English style. Built in the 14th century as the residence of the von Galen knights and protected by moats, it was turned into a late-Gothic castle in 1530 with baroque extensions being added later.

Herten possède un vieux quartier riche en jolies maisons à colombages. Cette ancienne ville minière est connue bien au-delà des frontières du bassin de la Ruhr en raison des énormes quantités de minerai que l'on extrayait de ses trois mines. – L'élégant château de Herten est entouré de jardins à l'anglaise. Il fut érigé au 14e siècle pour les chevaliers de Galen qui le firent protéger par des douves. L'édifice fut transformé en style gothique tardif en 1530 et agrandi plus tard en style baroque.

Das vierte Rathaus in der Stadtgeschichte Recklinghausens entstand 1908 im neugotischen Stil am Kaiserwall. Die Stadt ging aus einem Königshof Karls des Großen hervor. Als Hansestadt erlangte Recklinghausen, das 1236 Stadtrechte erhielt, Wohlstand durch den Handel. Nach schweren Bränden und mageren Jahren im 16.Jahrhundert ging es erst mit dem Kohleabbau ab 1870 wieder aufwärts. Bekannt ist Recklinghausen heute durch die Ruhrfestspiele. – Das Ruhrgebiet wird auch heute noch, wie im Luftbild links, von der Landwirtschaft geprägt.

The fourth town hall in Recklinghausen's history was built in 1908 in neo-Gothic style on the Kaiserwall. The town developed from a court residence of Charlemagne. Recklinghausen, which received town charters in 1236, prospered as a Hansa League trading city. Following devastating fires and lean years in the 16th century, prosperity returned after coal mining began in 1870. Today Recklinghausen is famous for its Ruhr theatre festival. – The Ruhr is still an agricultural region, too, as the photo on the left shows.

Le quatrième hôtel de ville de Recklinghausen a été construit en 1908 en style néogothique. L'origine de la ville remonte à un fort de Charlemagne. La cité reçut son droit de ville en 1236, lorsqu'elle fit partie de la Hanse et devint prospère grâce au commerce. Après avoir été ravagée par des incendies et des années de pénurie à partir du 16e siècle, elle reprit son essor en 1870 grâce à l'exploitation minière. Recklinghausen est très connue pour son célèbre festival de théâtre annuel. – L'agriculture joue encore un rôle déterminant dans le bassin de la Ruhr.

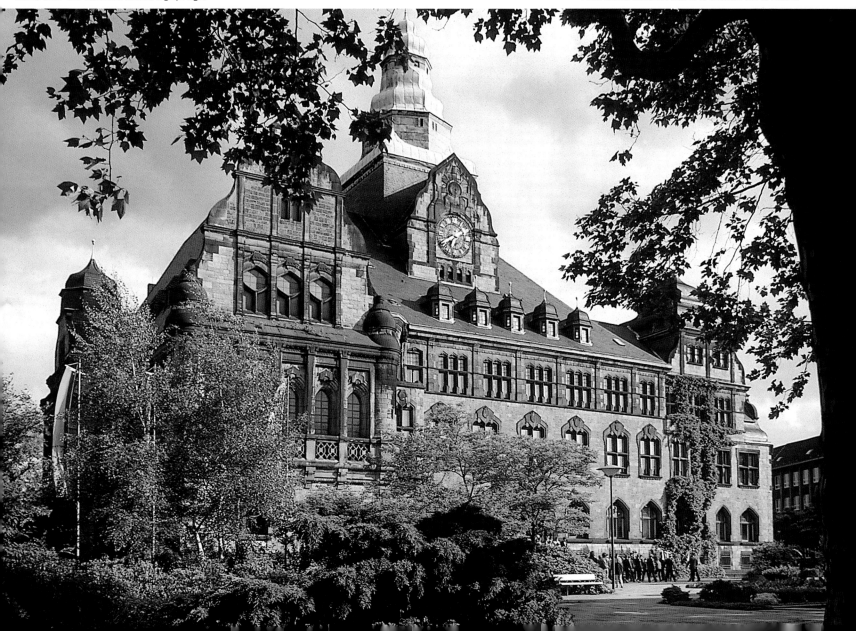

RECKLINGHAUSEN   Ikonenmuseum

Im historischen Stadtkern Recklinghausens liegt der Marktplatz und die
St.Petrus-Kirche. Teile der historischen
Stadtmauer sind ebenso erhalten wie
das alte Gymnasium Petrinum (1421).
Der ehemalige Patriziersitz des kur-
fürstlichen Richters Münch, die Engelsburg, findet man in unmittelbarer Nachbarschaft des Stephansturms. – Gegen-
über der Probsteikirche St.Peter liegt
das Ikonenmuseum. Die 600 Ausstel-
lungsobjekte vermitteln einen in West-
europa einmaligen Überblick über die
Ikonenmalerei und die ostkirchliche
Kleinkunst.

RECKLINGHAUSEN   Icon Museum

The marketplace and church of St.Peter
form Recklinghausen's historic centre.
Part of the old city walls are preserved,
as is the old Petrinum grammar school
(1421). The former stately home of the
electoral judge Münch, the Engelsburg,
is in close proximity to St.Stephen's
Tower. – Opposite the provost's church
of St.Peter is the Icon Museum (photo
on the right). The 600 exhibits, unique
in western Europe, give an overview
of icon painting and art in the Ortho-
dox Church.

RECKLINGHAUSEN   Musée des icônes

La place du marché et l'église de
prieuré Saint-Pierre sont situées dans
le centre historique de Recklinghausen. La ville a conservé plusieurs vestiges de son riche passé, notamment
une partie de ses anciennes fortifications et le vieux lycée «gymnasium
Petrinum» datant de 1421. La «Engelsburg», résidence patricienne du prince-
électeur et juge Münch, se dresse juste
à côté de la tour Stephan. – Le musée
des icônes fait face à l'église Saint-
Pierre. Il renferme 600 pièces magni-
fiques qui donnent un aperçu unique
dans la peinture d'icônes en Europe.

CASTROP-RAUXEL, Altstadt

Die Herzöge von Kleve gründeten im 15. Jh. den Marktflecken Castrop. Mit Beginn des Kohleabbaus erhielt er 1902 Stadtrechte. 1926 wurde Castrop mit den Ämtern Rauxel und Bladenhorst zusammengelegt. Die Geschichte reicht bis 834 zurück. Aus dem 16. Jh. stammen das heutige Gestüt Schloss Bladenhorst und Haus Goldschmieding.

The market town of Castrop was founded by the Dukes of Kleve in the 15th century. It was granted town charters in 1902, when coal mining began. Castrop was united with Rauxel and Bladenhorst in 1926. The town's history dates back to 834. Bladenhorst Castle, nowadays a stud farm, and the Goldschmieding building date from the 16th century.

Les ducs de Clèves fondèrent la bourgade de Castrop au 15e siècle. Elle reçut son droit de ville en 1902 lorsqu'elle s'agrandit grâce à l'exploitation minière, et fut réunie à Rauxel et Bladenhorst en 1926. L'histoire de Bladenhorst remonte à 834. Son château qui abrite un haras et la villa «Goldschmieding» datent du 16e siècle.

CASTROP-RAUXEL, Hebewerk

Mit Hilfe moderner Hebewerke wie im Bild rechts in Herten-Waltrop überwinden die Binnenschiffer die Höhenunterschiede. Im Schleusenpark Waltrop-Henrichenburg kann man sich heute noch alte Hebewerke ansehen.

Bargemasters use modern locks like the one in the photo in Herten-Waltrop to navigate the waterways. Old locks can be viewed in the Waltrop-Henrichenburg lock park.

A Herten-Waltrop, des écluses modernes aident les bateaux à franchir les différents niveaux d'eau de la rivière. On peut encore voir de vieilles écluses dans le parc de Henrichenburg.

Von den Bomben im 2. Weltkrieg weitgehend verschont, sind in Herne noch einige Gründer-zeit-Fassaden erhalten. Das ehemalige Bauern-dorf gewann im Zuge der Industrialisierung an Bedeutung. Ab 1860 förderte die von Thomas Mulvany abgeteufte Zeche Shamrock Kohle. Bald folgten weitere Zechen und Maschinenbaufabri-ken. Die ehemaligen Flottmann-Hallen werden heute kulturell genutzt. – Einen Abstecher wert ist der ehemalige Rittersitz Schloss Strünkede (1142), der heute das Emschertal-Museum mit Werkzeugen der Neandertaler beherbergt.

Herne suffered little bomb damage in the Second World War, and a few facades from the Age of Promoterism have been preserved. The former farming village grew rapidly as a result of the industrialization process. The Shamrock pit sunk by the Irishman Thomas Mulvany strated produc-ing coal in 1860. Other pits and factories produc-ing mining equipment soon followed. The facto-ry buildings belonging to the former Flottmann company are now used for cultural purposes. – Strünkede Castle now houses the Emscher Valley Museum with precious Neandertal tools.

Epargnée par les bombardements de la dernière guerre, Herne a conservé plusieurs édifices des années 1870, époque de l'industrialisation, durant laquelle l'ancien village devint une cité industrielle. La première mine de charbon fut exploitée par l'Irlandais Thomas Mulvany à partir de 1860. D'aut-res mines suivirent ainsi que la fabrication de machines destinées aux mines. Quelques instal-lations minières sont aujourd'hui utilisées à des fins culturelles. – Le château des chevaliers de Strünkede, abrite le musée d'Emschertal où est exposée une collection d'outils préhistoriques.

Als eine der ersten Großstädte im Ruhrgebiet erhielt Gelsenkirchen eine Fußgängerzone. Das einzige erhaltene Bauwerk aus der Zeit vor dem 1. Weltkrieg beherbergt heute das Verwaltungsgericht. Die Türme der evangelischen Altstadt-Kirche (links im Bild) sowie der Probsteikirche St. Augustinus prägen das Stadtbild. Kulturelle Highlights der Stadt, die durch Stahl- und Bergbaukrise tausende Arbeitsplätze verlor, sind das 1959 errichtete Musiktheater sowie die Philharmonie. Im denkmalgeschützten Schloss Horst geben sich heute Brautleute das Ja-Wort.

Gelsenkirchen was one of the first cities in the Ruhr to establish a pedestrian precinct. The only old building preserved from prior to World War I now houses the Administrative Court. The towers of the protestant Old Town Church (on the left of the photo) and the provost Church of St. Augustin stand out in the townscape. The cultural highlights of the city, which lost thousands of jobs when the steel and mining industries went into crisis, are the music theatre (1959) and philharmonic concert hall. In Horst Castle bridal couples now pledge their troth to one another.

Gelsenkirchen est une des premières villes de la Ruhr où a été aménagée une zone piétonnière. Le tribunal administratif régional occupe l'unique édifice encore conservé, datant d'avant la première guerre mondiale. Les tours de l'église protestante (à gauche sur la photo) et de l'église paroissiale Saint-Augustin dominent la physionomie de la ville. Gelsenkirchen a perdu des milliers d'emplois durant la crise de l'acier et du charbon, mais le théâtre inauguré en 1959 est resté un haut lieu culturel et les mariages se célèbrent toujours dans l'atmosphère élégante du château de Horst.

GELSENKIRCHEN, Stadtbahn-Station

Längst gibt es auch in Gelsenkirchen eine unterirdische Stadtbahn, um den Verkehr auf den Straßen etwas einzudämmen. Die Tunnelbauer standen in Gelsenkirchen vor einigen Problemen, da die Stadtbahnröhren über laufendem Kohlebergbau angelegt werden mussten. Dafür wurde ein neuartiges System entwickelt, dass Veränderungen durch Bergsenkungen auffangen kann. Die einzelnen Stationen wurden pfiffig gestaltet. Bunte Keramikbilder geben am Neumarkt Einblick in die Wirtschaft der Stadt.

GELSENKIRCHEN, Tram railway station

Gelsenkirchen is one of many cities that now has an underground tram railway to ease the traffic situation above ground. The construction of the tunnels posed some problems, as they were situated above working mines. A new system was developed to counteract any subsidence in the ground. The builders also had to cope with a lot of water and sandy marl. The stations have a lively design. Ceramic pictures at the New Market (photo) depict scenes from the city's economic and industrial life.

GELSENKIRCHEN, Le métro

Gelsenkirchen possède un métro depuis l'époque de sa prospérité apportée par la houille. Sa conception présenta quelques problèmes car il fallait construire les tunnels au-dessus des mines, dans un sol marneux et sujet à des inondations souterraines. On développa un nouveau système qui pouvait s'adapter à toutes les modifications que provoqueraient des glissements de terrain. Chaque station a reçu un décor différent. Des fresques en céramique qui racontent le développement économique de la ville, ornent la station de «Neumarkt», dans le centre ville.

Das barocke Wasserschloss Haus Berge (1530) mit seiner gepflegten Parkanlage gehört erst seit 1928 zu Gelsenkirchen. Damals wurden das übervölkerte Gelsenkirchen südlich der Emscher mit der grünen Großstadt Buer im Norden und dem Amt Horst zusammengelegt. Während sich Gelsenkirchen im Zuge des Bergbaus (seit 1858) und der Stahlindustrie zu einer typischen Industriestadt entwickelte, setzte der Kohleabbau in Buer erst rund 20 Jahre später ein. Die Stadtplaner entwarfen großzügige Siedlungs- und Erholungsflächen.

Haus Berge, a baroque moated castle dating from 1530, and its park have belonged to the city since 1928. That was when Gelsenkirchen, bursting at its seams south of the Emscher, incorporated Buer in the green north and the administrative district of Horst. Whilst Gelsenkirchen developed into a typical industrial city with its coal mining (from 1858) and steel industry, mining didn't start in Buer until about 20 years later. This meant that city planners had time to adapt to the new situation, creating extensive residential and recreational areas.

Le château baroque de Berge, édifié et transformé entre 1530 et 1780, n'appartient à Gelsenkirchen que depuis 1928. C'est à cette époque que la ville voisine de Buer et le hameau de Horst furent rattachés à Gelsenkirchen qui était surpeuplée. Alors que l'exploitation des mines, à partir de 1858, et la métallurgie faisaient de Gelsenkirchen une ville industrielle typique, Buer ne devint une cité minière que vingt ans plus tard. Cela laissa aux urbanistes assez de temps pour s'adapter à la nouvelle situation et aménager des cités ouvrières agréables et des espaces verts.

Hier kämpft der FC Schalke 04 um Tore und Punkte. „Gehsse mit auf Schalke?" heißt es bei den zahlreichen Fans. Gebaut wurde das Parkstadion anlässlich der Fußballweltmeisterschaft 1974 im geographischen Stadtmittelpunkt Gelsenkirchens. Die Anlage bietet rund 70.000 Zuschauern Platz. In unmittelbarer Nachbarschaft des Parkstadions lädt das Sportparadies zum Schwimmen ein. 1984 im Berger Feld gebaut, hat es sich durch ein Hallenwellenbad, ein Freibad und eine Eishalle zum beliebten Freizeitzentrum entwickelt.

This is where the football club Schalke 04 excites and tests the patience of its loyal fans. The Park Stadium was built in 1974 for the World Cup competition, right in the geographic centre of Gelsenkirchen. It has a capacity of 70,000. Next door almost, the Sportparadies meets all swimmers' needs. Built in 1984, this popular leisure centre offers an attractive indoor pool with artificial waves, an outdoor pool and a skating rink.

C'est ici que les supporters viennent applaudir leur club, le FC Schalke 04. Le stade de Gelsenkirchen a été construit en 1974, à l'occasion de la Coupe du monde de football. Il peut accueillir 70 000 personnes. Un autre complexe sportif moderne s'étend juste à côté du stade du Parc. Aménagé en 1984, au lieu-dit «Berger Feld», le centre aquatique qui comprend entre autres une piscine à vagues, une piscine en plein air et une patinoire, est une des aires de loisirs les plus fréquentées de la population de Gelsenkirchen.

Die Eröffnung der Bochumer Universität 1965 im südlichen Stadtteil Querenburg wirkte wie ein Startschuss für andere Revier-Städte Universitäten zu gründen. In rascher Folge kamen Essen, Duisburg, Witten/Herdecke und Dortmund dazu. Die Gründer betraten in vielerlei Hinsicht Neuland: Erstmals wurden die Ingenieurwissenschaften in eine traditionelle Universität integriert. Das „Bochumer Modell" ermöglicht durch die enge Kooperation von Kliniken und Universität eine praxisnahe Ausbildung der Medizinstudenten. Erst für 10.000, dann für 16.000 Studierende konzipiert,

The inauguration of Bochum University in 1965 in the southern suburb of Querenburg was like a starter's pistol encouraging other Ruhr cities to found universities, too. Essen, Duisburg, Witten/Herdecke and Dortmund rapidly followed suit. In many respects they went new ways. Engineering was integrated in the traditional university range of subjects for the first time. The so-called "Bochum Model" offers medical students a very practical course of studies, thanks to the cooperation established between the university and hospitals. Designed for 10,000, then for 16,000 students,

L'ouverture en 1965 de l'Université de Bochum dans le faubourg de Querenburg, au sud de la ville, a donné le feu vert à d'autres villes de la Ruhr qui ont également fondé des universités: Essen, Duisburg, Witten/Herdecke et Dortmund. Les fondateurs se sont engagés dans de nouveaux domaines. L'ingénierie a par exemple été pour la première fois intégrée dans une université traditionnelle. Le «modèle Bochum» permet une formation sur le terrain des étudiants en médecine, grâce à l'étroite collaboration de la faculté avec les hôpitaux.

sind heute 37.000 Studenten an der Universität eingeschrieben. 90 Prozent von ihnen kommen aus dem 50 km weiten Umkreis der Universität. Die Ruhr-Universität ist heute die sechst größte Universität Deutschlands. Auch als Arbeitsplatz ist die RUB nicht mehr wegzudenken. Sie zählt 6.000 Mitarbeiter, wovon allein rund 500 Professoren sind. Durch die Vielfalt der Ausbildungsmöglichkeiten setzte sie sich mit an die Spitze der deutschen Universitäten.20 Fakultäten bieten 100 Studiengänge an. Die Uni-Bibliothek ist die größte im Ruhrgebiet.

it now caters for no less than 37,000. 90 per cent of them come from within a 50 km radius of the university. The Ruhr University is now the sixth largest in Germany. It is also an important employer: the staff numbers 6000, 500 of whom are professors. The university is at the forefront of tertiary education in Germany, thanks to the wide range of opportunities it offers. Twenty faculties offer 100 different courses. The university library is the largest in the Ruhr.

Conçue à l'origine pour 10 000 étudiants, puis pour 16 000, l'Université en compte aujourd'hui 37.000. 90% des étudiants viennent d'un rayon de 50 km. Aujourd'hui, l'Université de Bochum est la sixième d'Allemagne par son importance et s'est établi une solide réputation dans le monde universitaire grâce à sa polyvalence. Elle possède en effet vingt facultés qui proposent cent disciplines diverses. Sa bibliothèque est la plus grande de toute la région de la Ruhr. Par ailleurs, la RUB est un des principaux employeurs de Bochum, offrant 6000 places de travail.

Von der Stahlstadt zur modernen Großstadt entwickelte sich Bochum. Moderne Architektur prägt die Innenstadt wie hier auf dem Bild unten den Husemannplatz. Seit Anfang des 20. Jh. lockt das renommierte Schauspielhaus zahlreiche Besucher an. International operierende Firmen wie Opel und Nokia sind in Bochum ansässig. – Das Musical-Theater „Starlight-Express" feiert seit 1988 Erfolge in der Revier-Stadt. Die imposante Halle der rollschuhfahrenden Züge des Andrew-Lloyd-Webber-Musicals ist meist ausverkauft.

Bochum, the city of steel, has turned into a modern city, with modern architecture in the city centre, for example in Husemann Square. The renowned theatre has been drawing crowds since the beginning of the 20th century. International companies like Opel and Nokia have headquarters in Bochum. The "Starlight Express" musical theatre, opened in 1988, has put on a string on highly successful productions. Designed specially for the roller-skating scenes in Andrew Lloyd Webber's musical, the impressive hall is fully booked seven days a week.

L'ancienne cité des aciéries s'est développée en une métropole où modernisme et culture sont à l'honneur. Des architectures avant-gardistes personnalisent le centreville. Depuis le début du 20e siècle, le célèbre théâtre municipal attire de nombreux visiteurs. Des sociétés internationales telles que Nokia et Opel sont installées à Bochum. – Le music-hall «Starlight Express», inauguré en 1988, court de succès en succès. L'édifice imposant, spécialement construit pour présenter les spectacles sur patins à roulettes d'Andrew Loyd Webber, est bondé toute la semaine.

Fachwerkhäuser aus dem 16. bis 19.Jahrhundert schmücken die Hattinger Altstadt. Goldene Zeiten und magere Jahre prägen die Geschichte der ehemaligen Hansestadt. Während die Konjunktur der Stadt im 16. Jahrhundert insbesondere durch die Tuchmacher blühte, führte nach dem Boom durch Erzvorkommen die Stahlkrise ab den späten 80er Jahren zu massivem Arbeitsplatzabbau bei Thyssen. Interessante Bauten in der malerischen Altstadt sind das auf der Fleischhalle gebaute Renaissance-Rathaus – heute Heimatmuseum – sowie das „Bügeleisen-Haus"von 1925.

16th to 19th century timbered houses adorn Hattingen's old town. The former Hansa League town has seen times of golden prosperity but also leaner years. While the local economy boomed in the 16th century thanks to weaving, then again with iron ore mining, a crisis in the steel industry from the late 1980s on led to massive job losses at Thyssen. Interesting buildings in the picturesque old town are the Renaissance town hall, built on top of the former meat market and now the local history museum, and the strangely shaped "Ironing Building" (1925).

Des maisons à colombages, bâties entre les 16e et 19e siècles, donnent son cachet à la vieille ville de Hattingen qui abrite également des édifices intéressants tels que l'ancien hôtel de ville de style Renaissance, aujourd'hui musée régional, et la «Bügeleisen-Haus», (maison en fer à repasser) de 1925. L'ancienne ville de la Hanse a vécu des âges d'or, mais aussi des années maigres. Prospère au 16e siècle grâce à la draperie, puis au 19e siècle avec le boom de l'exploitation minière, la crise de l'acier à la fin des années 80 lui a apporté un chômage massif.

Ein Museum in idyllischer Atmosphäre: In der Wasserburg Haus Kemnade hat die Stadt Bochum ihre stadthistorische Sammlung und die Musikinstrumentensammlung Hans Grumbt untergebracht. Die Wasserburg entstand im 12. Jh. Nach einem Brand wurde das Bauwerk unter Verwendung der alten Bausubstanz 1704 neu errichtet. Den Hauptbau flankieren zwei ungleiche Türme. Im Innern sind die Stuckdecke des Rittersaals, vier Gobelins aus Tournai und der Kamin mit Renaissance-Wappen sehenswert. Beliebt ist auch das Restaurant in der Burg.

A museum in an idyllic setting: the moated castle, Haus Kemnade, houses Bochum's history museum and Hans Grumbt's collection of musical instruments. The castle dates from the 12th century. It was rebuilt in 1704 after a fire, incorporating what remained of the old fabric. It lies within the bounds of Hattingen, but belongs to Bochum. The main building is flanked by two unequal towers. Of particular note in the interior are the stucco ceilings in the knights' hall, four gobelins from Tournai and the fireplace with Renaissance coats of arms. The restaurant is also very popular.

Un musée dans une atmosphère idyllique: Bochum a logé ses collections historiques et la collection d'instruments de musique de Hans Grumbt dans le château de Kemnade. L'origine de l'édifice entouré de douves remonte au 12e siècle. Après un incendie, il fut reconstruit dans sa forme actuelle en 1704. Deux tours dissemblables flanquent le corps de bâtiment principal. A voir à l'intérieur: le plafond orné de stucs de la salle des chevaliers, quatre gobelins de Tournai et une cheminée de style Renaissance. Le château abrite également un restaurant très agréable.

Spitze, schiefergedeckte Fachwerkhäuser im historischen Ortskern Blankenstein und der viereckige Torturm der alten Burg - das sind die Wahrzeichen Hattingens. Auf dem „Blanken Stein" errichtete Adolf von der Mark 1226 eine Burg, die im 14. und 15. Jahrhundert ausgebaut wurde. Nach ihrem Verfall befahl der Große Kurfürst 1662 die Anlage abzutragen. Die Reste des viereckigen Turms und der Ringmauer wurden 1860 wieder hergerichtet. – Der Kemnader See im Süden Bochums mit zahlreichen Wassersportmöglichkeiten entwickelte sich zu einem Freizeitmagneten.

Timbered houses with pointed slate roofs in the historic centre of Blankenstein and the four-cornered gatehouse tower of the old castle - these are Hattingen's landmarks. Adolf von der Mark built a castle in 1226; extensions were added in the 14th and 15th centuries. After it fell into decay (30 Years War), the Great Elector ordered its destruction in 1662. The remains of the four-cornered tower and the ring walls were restored and completed in 1860. – Kemnad Lake in the southern part of Bochum has become a popular leisure centre.

Les maisons à colombages aux toits pointus recouverts d'ardoise du faubourg Blankenstein et la tour-porte carrée du vieux château sont les symboles de Hattingen. En 1226, Adolf de Mark fit ériger sur le «Blanken Stein» un château-fort qui fut agrandi aux 14e et 15e siècles. Dévasté durant la guerre de Trente ans, il fut rasé en 1662 sur l'ordre du grand prince-électeur. La restauration des vestiges de la tour-porte et de l'enceinte date de 1860. – Le lac de Kemnade au sud de Bochum est un véritable paradis pour les amateurs de nature et de sports nautiques.

Eingebettet in eine malerische Landschaft liegt diese Idylle für Kunst- und Jugendstilliebhaber. Die Einwohner verdienten zunächst durch Maschinenfabriken ihr Geld. Bekannt wurde Hagen durch den Bankierssohn Karl Ernst Osthaus (1874-1921). Er verpflichtete namhafte Künstler und Architekten, deren Werke noch heute hier zu sehen sind. Sein Haus ließ er sich von Henry van de Velde planen. Das Karl Ernst Osthaus Museum zeigt Kunst des 19.-20. Jahrhunderts. – Das Westfälische Freilichtmuseum zeigt in über 50 historischen Werkstätten das alte Handwerk.

A delight for lovers of art and Art Nouveau, set in a picturesque landscape. Engineering factories first provided the source of livelihood of the population. The city became renowned through the banker's son Karl Ernst Osthaus (1874-1921). He engaged well-known architects and artists, whose works can still be admired today. He had his house planned by Henry van de Velde. The Karl Ernst Osthaus museum is devoted to 19th and 20th century art. – In the 50 workshops of the Westfalian Open-Air Museum old crafts are brought back to life.

Située au cœur d'un paysage champêtre, Hagen ravira les amateurs d'art, notamment d'Art nouveau. La prospérité de la ville repose sur l'industrie mécanique. Elle est surtout connue grâce à Carl Ernst Osthaus (1874-1921), un fils de banquier qui engagea des artistes et architectes de renom dont on peut encore admirer les œuvres dans la ville. Il fit construire sa résidence par le célèbre Henry van de Velde. Le musée qui porte son nom montre des œuvres d'art des 19e et 20e siècles. – Le musée en plein air de Westphalie recrée la vie artisanale d'autrefois à travers 50 ateliers traditionnels.

In unmittelbarer Nachbarschaft zu Dortmund liegt das mittelalterliche Städtchen Herdecke mit seiner historischen Altstadt, das durch seine verkehrsgünstige Lage an der Ruhr bereits früh als Handelsplatz bekannt wurde. – Als östlicher Schwerpunkt des Ruhrgebiets strahlt Dortmund weit nach Norden, Osten und Süden ins Westfalenland aus. Die Stadt mit ihrer nach dem Krieg großzügig aufgebauten Innenstadt ist als Shopping-Ziel sehr beliebt, aber auch kulturell hat sie einiges zu bieten. In der Bildmitte ragt St.Petri mit seinem spitzen Turm heraus.

Close to Dortmund is the little medieval town of Herdecke with its historic old town. Thanks to its advantageous location on the Ruhr, it became a flourishing trading post very early on. – Dortmund, the Ruhr's eastern centre of gravity, exerts its influence far out into Westfalia to the north, south and east. The city centre, rebuilt on a generous scale after the war, is a popular place for shopping, but also has some buildings of cultural note. The pointed tower of St.Peter's church dominates the centre of the photo.

Voisine de Dortmund, la ville médiévale de Herdecke fut très tôt une plaque-tournante de commerce en raison de sa situation privilégiée au carrefour de routes marchandes. - Ville principale de l'est du bassin de la Ruhr, l'influence de Dortmund s'étend vers le nord, l'est et le sud de la Westphalie. Admirablement reconstruit après les dévastations de la seconde guerre mondiale, le cœur de la ville est le centre commercial et culturel le plus important de cette partie du bassin de la Ruhr. Sur la photo, le clocher de l'église Saint-Petri domine les édifices modernes de Dortmund.

DORTMUND, Alter Markt

Ein beschauliches Fleckchen ist der Marktplatz an der katholischen Reinoldi-Kirche (10.-13. Jahrhundert), die nach dem Schutzpatron der Stadt benannt wurde. Als einzige Freie Reichsstadt Westfalens genoss Dortmund zahlreiche Privilegien, die den Kaufleuten zu beachtlichem Wohlstand verhalfen. Aus ihrer Blütezeit stammen zahlreiche Kunstschätze. Für die Marienkirche malte der in Dortmund lebende Meister Konrad von Soest einen Marienaltar. In der Klosterkirche der Dominikaner, heute Probsteikirche, steht der größte Flügelaltar der deutschen Spätgotik des Weselers Derick Baegert.

DORTMUND, Old Market

The market square next to the Catholic Reinoldi church (10th-13th century), named after the city's patron saint, is a tranquil spot. As the only Free Imperial Town in Westfalia, Dortmund enjoyed numerous privileges that brought its merchants considerable prosperity. Its heyday has left us with a large number of art treasures. Konrad von Soest, painted a Lady Altar for the church of St.Mary. In the Dominicans' monastery church, today the provost church, the largest German late-Gothic winged altar is to be found, created by Derick Baegert from Wesel.

DORTMUND, Place dite Alter Markt

La place dite Alter Markt est dominée par la basilique Reinoldi (10/13e siècle) nommée d'après le patron de la ville. Dortmund, qui était l'unique ville libre impériale de Westphalie et appartenait en outre à la Hanse, jouissait de privilèges qui lui apportèrent une prospérité considérable. Un grand nombre de ses chefs-d'œuvre artistiques datent de cette époque. L'église Sainte-Marie renferme un retable admirable du 15e s., œuvre de Conrad von Soest. La «Probsteikirche», église de l'ancien monastère dominicain, abrite le plus grand triptyque d'autel de style gothique tardif, qu'ait réalisé Derick Baegert.

DORTMUND, St.Reinoldi-Kirche (Chor)

Ein weiterer Kunstschatz der Dortmunder ist der burgundische Schnitzaltar in der St.Reinoldi-Kirche. Vor dem prächtigen Chorgestühl findet man im Bild rechts die überlebensgroße Darstellung Karls des Großen und des heiligen Reinoldus, um dessen Leben sich zahlreiche Legenden ranken. St.Petri war einst die Kirche der Zünfte (1320 -1353 erbaut). Dort beeindruckt ein Schnitzaltar der Antwerpener Lukasgilde aus dem Jahr 1520. Er wird auch „Goldenes Wunder von Dortmund" genannt, weil er 54 Tafelbilder und 30 geschnitzte Szenen mit teilweise vergoldeten Figuren umfasst.

DORTMUND, Church of St.Reinold

One of Dortmund's other art treasures is the Burgundian carved altar in the church of St. Reinold. In front of the magnificent choir stalls is a more than life-size image of Charlemagne and St.Reinold, whose life is wreathed in legend (photo on the right). The church of St.Peter was once the church of the guilds (built 1320-1353). A carved altar by the Antwerp guild of St. Luke dating from 1520 is particularly impressive. It is also called the "Golden Wonder of Dortmund", as it consists of 54 tableaus and 30 carved scenes with partly gilded figures.

DORTMUND, Chœur de la basilique

L'autel sculpté de la basilique Reinoldi est un des joyaux de Dortmund. Devant les stalles splendides se dressent les statues de Charlemagne et de saint Reinoldus dont la vie a engendré maintes légendes. Saint-Petri, érigée entre 1320 et 1353, était autrefois l'église des corporations. Elle abrite un autel de la guilde Lukas d'Anvers, réalisé en 1520. L'autel est également surnommé le «Miracle d'or de Dortmund» car il est constitué de 54 tableaux et 30 scènes sculptées, décorés de plusieurs figures dorées.

DORTMUND bei Nacht

Breite Straßen prägen das Stadtbild um die Fußgängerzone. Sie wurden auf den früheren Wällen der alten Reichs- und Hansestadt angelegt. Auch nachts pulsiert in Dortmund das Leben. Die Bierbrauerei brachte der Stadt bereits im Mittelalter einen wahren Geldsegen. Dortmund – zu Zeiten der Kohle-Hochkonjunktur noch für seine Stammtische berühmt – bietet heute rund um die Brückstraße ein Vergnügungsviertel mit Varietés, Musikcafés und Stehbierhallen. Wer's lieber traditionell mag, der findet natürlich auch den guten alten Stammtisch.

DORTMUND at night

Broad streets are the main feature of the townscape round the pedestrian precinct. They were constructed on the former ramparts of the old imperial, Hansa League city. Dortmund has a lively, pulsating night life. Beer brewing made the city rich as long ago as the Middle Ages. Famous for its round tables at the height of the coal mining boom, Dortmund's pleasure district round the Brückstraße offers variety shows, music cafes and pubs. More traditional establishments are also still to be found.

DORTMUND, la nuit

Les rues larges autour de la zone piétonnière de Dortmund ont été aménagées sur l'emplacement des fortifications qui protégeaient l'ancienne ville libre impériale, plus tard membre de la Hanse. Les brasseries notamment apportèrent la prospérité à Dortmund dès le Moyen Age. Déjà réputé pour ses cafés fréquentés par les mineurs à l'âge d'or du charbon, le quartier de la Brückstraße est resté très animé. On y trouvera des cabarets, des brasseries, des cafés-concerts, des «halls de la bière» et bien sûr les bistrots traditionnels où se réunissent les habitués.

DORTMUND, Westfalenhalle

Weit über die Landesgrenzen hinaus bekannt sind die Dortmunder Westfalenhallen. Seit mehr als vier Jahrzehnten werden dort Messen und Kongresse organisiert. Zu Sportveranstaltungen, wie dem legendären Sechs-Tage-Rennen, Tanz-Meisterschaften oder Leichtathletik-Veranstaltungen strömen ebenso viele Menschen in die Hallen, wie zu den zahlreichen musikalischen Events. Hier geben sich die Stars der Rock- und Popszene die Klinke in die Hand. Die zentrale Lage der Hallen an der B1, die für alle bequem zu erreichen sind, hat sicher zu ihrem Erfolg beigetragen.

DORTMUND, Westfalenhalle

Dortmund's Westfalenhalle is famous far and wide. Trade fairs and congresses have been held there for more than 40 years. Spectators flock to sports events like the Six Day Race, dancing championships or athletics competitions, and to the many musical events. One rock or pop star follows fast on the heels of another. The central location right on the B1 artery makes the Westfalenhalle very easy to reach, a fact that has almost certainly contributed to its great success.

DORTMUND, Parc des expositions

Le parc des sports et des expositions dit «Westfalenhallen» est connu bien au-delà des frontières de la province. Il accueille des foires et des congrès depuis plus de 40 ans. C'est ici que se déroulent également de grandes manifestations sportives telles que des championnats d'athlétisme, des tournois de danse et les légendaires «Six jours de course cycliste». Les halls servent aussi aux concerts gigantesques des stars du pop et du rock. La situation géographique centrale du complexe, facilement accessible par la route B1, a largement contribué à son succès.

DORTMUND, Nächtliche Impressionen

Die ehemalige Kohle- und Stahlstadt ist auf dem Weg zum modernen Dienstleistungszentrum. Wie ein Blick auf den Hansaplatz (Bild oben) und das neue Rathaus (Bild unten) zeigt, prägen heute Bürotürme und Gewerbeparks das Stadtbild. Dortmund, das sich aus einem karolingischen Königshof entwickelte, besaß schon vor 900 Marktrecht und wurde 1220 Freie Reichsstadt. Goldene Jahre des Handels schlossen sich an. Bereits 1240 entstand das erste Rathaus, das 1955 abgebrochen wurde. Erst 1926 begann in Dortmund der Bergbau.

DORTMUND, Impressions of night

The former city of coal and steel is well on the way to becoming a modern service industry centre. As the view of Hansa Square (top) and the new city hall (bottom) show, high-rise office buildings and business parks dominate the skyline. The university in the west was founded in 1968. Dortmund developed from a Carolingian court residence, and was granted the right to hold markets 900 years ago. In 1220 it became a Free Imperial City. A golden age of trade followed. The first city hall, pulled down in 1955, was built as early as 1240.

DORTMUND, Images nocturnes

L'ancienne ville minière s'est transformée en un centre moderne axé sur l'économie et le secteur tertiaire. Aujourd'hui, les tours de bureaux et complexes administratifs dominent la physionomie de la ville, ainsi que le révèlent les photos de la Hansaplatz (en haut) et de la nouvelle mairie (en bas). L'Université, fondée en 1968, s'étend dans l'ouest de la ville. L'origine de Dortmund remonte à la cour d'un roi carolingien. Elle posséda son droit de cité dès l'an 900 et devint ville libre impériale en 1220. Prospère au Moyen Age, elle le redevint à partir de 1926 avec l'exploitation minière.

DORTMUND, Rathaus

Lichtdurchflutet präsentiert sich das Rathaus von innen. Der 1989 errichtete Neubau symbolisiert den Weg der Stadt in eine Ära nach Kohle und Stahl. Eins allerdings nimmt die Stadt mit in die neue Zeit: Das sind die Braukünste. Bereits 1293 bekam Dortmund die Braurechte. Auf der Weltausstellung 1900 in Paris wurde das helle Export-Lager-Bier der Dortmunder Aktien-Brauerei gar mit der Goldmedaille ausgezeichnet. Eine wichtige Rolle in Dortmund spielt auch der BvB. Wenn die Kicker in den gelb-schwarzen Trikots loslegen, fiebert (fast) die ganze Stadt mit.

DORTMUND, City hall

The interior of the city hall is flooded with light. The new building, erected in 1989, symbolizes the city's start into a new era after coal and steel. But there's one thing the city is taking with it from its glorious past: its brewing skills. Dortmund was granted the right to brew beer as early as 1293. At the Paris world Exhibition of 1900, Dortmund Actien Brewery's Export Lager won a gold medal. The football club Borussia Dortmund also plays an important part in the life of the city. Its matches are followed avidly by fans across the city.

DORTMUND, Mairie

Le premier hôtel de ville de Dortmund, qui datait de 1240, fut rasé en 1955. Baignée de lumière, la mairie érigée en 1989, symbolise la nouvelle ère de la ville, après l'époque du charbon et de l'acier. Dortmund a gardé néanmoins un de ses grands atouts: l'art de la fabrication de la bière qu'elle pratique depuis 1293. La bière «Export-lager» de la brasserie Actien de Dortmund, reçut la médaille d'or à l'exposition universelle 1900 de Paris. Le club de football BvB joue aussi un rôle important dans la ville: la population entière s'enfièvre quand son équipe entre sur le terrain.

Der Rombergpark gehört zu den großen Erholungsflächen der Stadt. Bereits 1820 als englischer Landschaftspark angelegt, gilt seine Gehölzsammlung heute als größte Deutschlands. Botanischer Garten, Tropenhäuser und Biotope lassen den Besucher die Natur hautnah erleben. In unmittelbarer Nachbarschaft liegt der Zoo, in dem rund 2500 Tiere ihr Zuhause haben. – Das Torhaus im Rombergpark gehörte zum Wasserschloss aus dem 17. Jh. des Freiherrn von Romberg und dient heute als Kunstgalerie für Wechselausstellungen.

Romberg Park is one of the biggest areas in the city. Designed in 1820 in the English style, its woodland collection is considered the largest in Germany. Nature's abundance can be admired in the botanical gardens, hothouses with tropical plants, and biotopes. Close by is the zoo with about 2500 animals. The gatehouse in Romberg Park was part of a 17th century moated castle belonging to Baron von Romberg; today it houses an art gallery.

Le vaste parc de Romberg est le poumon de Dortmund. Aménagé en 1820 dans le style des jardins anglais, il possède la plus grande collection d'espèces d'arbres de toute l'Allemagne. Il offre en outre aux visiteurs des jardins botaniques, des serres tropicales et un biotope. Le zoo qui s'étend juste à côté, abrite quelque 2500 animaux. – La villa à l'entrée du parc faisait partie du château à douves du baron de Romberg, construit au 17e siècle. Elle est aujourd'hui une galerie où sont montrées des expositions itinérantes.

Über eine Million Bücher präsentiert die Stadt- und Landesbibliothek ihren Lesern. Die architektonisch eindrucksvolle Rotunde wartet im Inneren mit modernster Medien-Technik auf. Der Neubau wurde im Mai 1999 eingeweiht. – Das Spielcasino Hohensyburg gilt als Europas umsatzstärkste Spielbank. Die alte Hohensyburg hoch über der Mündung der Lenne in die Ruhr gelegen, hatte es schon Karl dem Großen angetan, der die sächsische Volksburg 775 erstürmen ließ. An der Stelle der 1278 zerstörten Burg steht heute ein Kaiserdenkmal.

The city and state library has over a million books available for its readers. The new architecturally impressive rotunda has an interior with state-of-the-art technology. The new building was officially opened in May 1999. – Hohensyburg Casino is said to have the highest financial turnover in Europe. The original castle, high up above the confluence of the Ruhr and the Lenne, took Charlemagne's fancy centuries ago. He took the Saxon castle by storm in 775. In 1902 Westfalian industrialists had a monument to the emperor erected on the site of the castle, destroyed in 1278.

La bibliothèque municipale et régionale propose plus d'un million d'ouvrages à ses visiteurs. L'édifice à l'architecture moderne impressionnante a été inauguré en mai 1999 et est doté des dernières techniques médiatiques de pointe. – De tous les établissements de jeux européens, c'est au casino de Hohensyburg que l'on jouerait le plus d'argent. Le château de Hohensyburg qui surmontait l'embouchure de la Lenne et de la Ruhr, fut conquis par Charlemagne, puis détruit en 1278. En 1902, des industriels de Westphalie firent ériger un monument impérial sur son emplacement.

DORTMUND, Zeche Zollern II/IV

Die lichtdurchflutete Maschinenhalle der Zeche Zollern II/IV in Dortmund gehört zu den sehenswerten Industriedenkmälern des Ruhrgebiets. Auch das Jugendstil-Portal der Zeche ist sehenswert.

The light-flooded machine shop of the Zollern II/IV colliery in Dortmund is one of the most impressive industrial monuments in the Ruhr area. The pit's Art Nouveau gateway is also well worth seeing.

La salle des machines de la mine Zollern II/IV à Dortmund est un des monuments de l'industrie les plus intéressants de la région de la Ruhr. A voir également, le portail de style Art nouveau du complexe minier.

UNNA, Marktplatz ▷

Liebevoll restaurierte Fachwerkhäuser prägen das alte Klosterviertel von Unna. Die Stadtburg der Grafen von der Mark wird heute als Hellweg-Museum genutzt. Um 1240 erhielt Unna Stadtrechte. Der Handel mit Bier und Salz brachte den Bewohnern der alten Hansestadt Wohlstand. Ab 1880 begann der Kohlebergbau.

The atmosphere of the old monastery quarter in Unna is created by the lovingly restored timbered houses. The city castle of the Counts von der Mark today houses the Hellweg Museum. Unna was granted town quarters in 1240. Trade in beer and salt made the inhabitants of the old Hanseatic League town prosperous. Mining began in 1880.

Des maisons à colombages, restaurées avec amour, personnalisent le vieux quartier d'Unna. L'ancien château des comtes de Mark abrite aujourd'hui le musée régional «Hellweg». Unna reçut son droit de ville en 1240. Au 14e siècle, la fabrication de la bière et le commerce du sel apportèrent la prospérité à la ville hanséatique. L'exploitation minière débuta en 1880.

Erst Hansestadt, wie die Nachbarstadt Kamen, dann vom Bergbau geprägt, blickt Lünen nun in die Zukunft: Star-Designer Luigi Colani entwarf das Forschungs- und Entwicklungszentrum Lüntec (Bild rechts) auf dem Gelände der letzten Schachtanlage Minister Achenbach. Stadtrechte erhielt Lünen nach einem spektakulären Umzug durch Graf Adolf IV. von der Mark. Er ließ, um die Stadt auch ganz sicher auf seinem Grund anzusiedeln, 1336-1341 jedes Gebäude vom münsterischen Nordufer an das märkische Südufer der Lippe verlegen.

◁ KAMEN, Church square   LÜNEN

First a member of the Hanseatic League, like neighbouring Kamen, then a mining town, and now on its way to becoming a research and development centre: Lünen future prospects look bright. Star designer Luigi Colani designed the Lüntec research and development centre (p. 81) on the site of the last pit, Minister Achenbach. Lünen was granted town charters after a spectacular move by Count Adolf IV von der Mark. In 1336 - 1341, in order to make 100% sure that the township was on his territory he had every building on the north bank of the Lippe, territory belonging to Münster, moved across and rebuilt on the southern bank.

◁ KAMEN, Place de l'église   LÜNEN

La petite ville pittoresque de Kamen fit autrefois partie de la Hanse. – A proximité, Lünen, également ville hanséatique, puis prospère grâce à l'exploitation minière, est aujourd'hui une ville axée sur les technologies de pointe. Elle abrite le centre de recherches et développement Lüntec, conçu par le célèbre designer Luigi Colani, sur l'emplacement d'une ancienne mine. Lünen reçut son droit de ville après une action spectaculaire du comte Adolf IV de Mark. Entre 1336 et 1341, il fit transférer sur son territoire les édifices de la ville qui se dressaient sur l'autre rive de la Lippe n'appartenant pas à son comté.

Der 35 Meter hohe Glaselefant im Maximilian-Park gilt heute als Wahrzeichen Hamms. Kernstück der begehbaren Plastik bildet die ehemalige Kohlenwäsche der längst stillgelegten Zeche Maximilian. Während der Hammer Künstler Horst Rellecke die Stahl-Glas-Konstruktion mit Aussichtsplattform entwarf, gestaltete Friedensreich Hundertwasser das Ökohaus im „Hinterteil" des Elefanten. Der Maximilian-Park erfreut sich nicht nur wegen seiner abwechslungsreichen Vegetation, sondern auch wegen seines kulturellen Angebots großer Beliebtheit.

The 35-metre tall glass elephant in Maximilian Park is regarded today as Hamm's major landmark. The cor of the sculpture, which you can walk round, is the former coal washing plant of the Maximilian pit, which was closed a long time ago now. While the Hamm-based artist Horst Rellecke designed the steel and glass construction and viewing platform, Friedensreich Hundertwasser was responsible for the ecological building at the back of the elephant. Maximilian Park is very popular, not just because of its rich vegetation, but also because of its cultural facilities.

L'édifice haut de 35 mètres, appelé «Éléphant de verre» qui se dresse dans le parc Maximilian, est aujourd'hui le symbole de Hamm. La laverie de l'ancienne mine Maximilian constitue le noyau de la gigantesque sculpture où l'on peut pénétrer. Horst Rellecke, artiste de la ville, a réalisé la construction de verre et d'acier dotée d'une plate-forme panoramique; l'aménagement de la maison «écologique» située à l'arrière de l'éléphant, est due à Friedensreich Hundertwasser. Le parc Maximilian est le poumon vert de la ville, de même que le lieu de rencontres culturelles.

1126 gegründet, verdankte die Stadt ihren Wohlstand zunächst dem Handel, der Tuchweberei und Brauerei. Berg- und Maschinenbau sorgten später für Aufschwung. Von ihrer Bedeutung als Eisenbahnknotenpunkt zeugt das schöne Bahnhofsgebäude (1847). Mit sichtbarem Erfolg sind die Stadtväter seit Jahren bemüht, alte Industriebrachen zu rekultivieren. – Auf der folgenden Schlussseite verabschiedet sich das Ruhrgebiet vom Leser mit dem Ruhrtal bei Witten bei romantischer Dämmerung in reizvoller Landschaft.

Founded in 1126, the city prospered initially from trade, weaving and brewing. Mining and engeneering later brought further progress. The fine old station building (1847) is an indication of Hamm's importance as a railway junction (largest marshalling yard in Europe in the 1930s). The city authorities have had visible success an recultivating industrial wastelands over the past few years. – On the following last page of the book, the Ruhr bids farewell with a view of the Ruhr valley and pittoresque scenery near Witten in the romantic light of dusk.

Fondée en 1126, la ville devint prospère grâce au commerce, au tissage et au brassage de la bière. Elle connut plus tard un nouvel essor avec l'exploitation minière. Hamm était une importante plaque-tournante ferroviaire. Dans les années 30, elle posséda la plus grande gare de triage d'Europe, dont on peut admirer les installations érigées en 1847. – La découverte du bassin de la Ruhr s'achève sur l'image splendide d'un paysage romantique de la vallée de la Ruhr enrobée des lueurs du crépuscule.

© Copyright by:
ZIETHEN-PANORAMA VERLAG
D-53902 Bad Münstereifel · Flurweg 15
Telefon: 02253 - 6047 · Fax: 02253 - 6756

1. Auflage 2000

Redaktion und Buchgestaltung: Horst Ziethen
Texte: Susanne Junkermann
Englische Übersetzung: John Stevens
Französische Übersetzung: France Varry

Gesamtherstellung:
ZIETHEN-Farbdruckmedien GmbH
D-50999 Köln · Unter Buschweg 17
Telefon: 02236 - 3989-0 · Fax: 02236 - 398989

Buchbinderische Verarbeitung: Leipziger Großbuchbinderei

Printed in Germany

ISBN 3-929932-99-7

BILDNACHWEIS / TABLE OF ILLUSTRATIONS / TABLE DES ILLUSTRATIONS

Seiten:

Werner Otto . . . . .Titelbild, 7, 8, 9, 11, 13, 14, 15, 16, 17, 18, 19, 20, 21,
22, 23, 25, 26, 29, 31, 32, 33, 34, 35, 36, 39, 40, 41,
42, 43, 49, 51, 52, 54, 57, 58, 59, 60, 61, 68, 73, 74,
75, 78, 80, 81, 82, 83, 84

Archiv Horst Ziethen. 10, 24, 27, 30, 37, 38, 44, 45, 46, 47, 48, 50, 53 (2),
55, 62, 63, 69, 79

Horst Zielske . . . . .67, 70, 71 o., 72 (2), 76, 77

Ruth Kaiser . . . . .65, 66 u. Rücktitelbild

Jörg Meyer . . . . .28, 71 u.

Norbert Schinner .12

Jost Schilgen . . . . .30 u. l.

Theo Broere 64

KARTEN-NACHWEIS
Vorsatzseiten: Aktuelle Kartengrafik von Hanns-Josef Kaiser
Nachsatzseiten: Historische Karte, Archiv Ziethen-Panorama Verlag